초등 문해력은 **어휘 글쓰기로 완성!**

# 바빠 초등

# 문해력 어휘 100

'기다리다' 대신 **고대하다**
'바라보다' 대신 **응시하다**

# 2권

이지스에듀

지은이 | 오현선(라온오쌤)

**오현선 선생님**은 대학원에서 독서 논술을 전공하고, 어린이들과 함께 글을 읽고 쓰는 일을 꾸준히 하고 있습니다. 또한 전국 도서관과 학교에서 학부모 강연을 하면서 독서 교육의 진정성과 글쓰기의 즐거움을 전하고 있습니다. 독서 교사 세미나를 하며 독서 교육의 방향에 대해서도 항상 고민합니다.

지은 책으로는 《초등 미니 논술 일력 365》, 《우리 아이 독서 자립》, 《하루 10분 초등 신문》, 《술술 글쓰기 마법책 1~3》 외 다수가 있습니다.

어휘력이 부족해 어려움을 겪는 아이들을 위해 독서 교실에서 직접 아이들을 가르치며 쌓은 24년간의 노하우를 담아 《바빠 초등 문해력 어휘 100》 1, 2권을 집필했습니다.

블로그 blog.naver.com/few24

인스타그램 @raon_book_teacher

유튜브 www.youtube.com/@TV-qu9zz

라온북다움 카페 https://cafe.naver.com/laonbookdaoom

바쁜 친구들이 즐거워지는 빠른 학습법 - 바빠 초등 국어

# 바빠 초등 문해력 어휘 100 ②권

**초판 발행** 2024년 11월 15일

**지은이** 오현선

**발행인** 이지연

**펴낸곳** 이지스퍼블리싱(주)

**출판사 등록번호** 제313-2010-123호

**주소** 서울시 마포구 잔다리로 109 이지스 빌딩 5층(우편번호 04003)

**대표전화** 02-325-1722                    **팩스** 02-326-1723

**이지스퍼블리싱 홈페이지** www.easyspub.com          **이지스에듀 카페** www.easysedu.co.kr

**바빠 아지트 블로그** blog.naver.com/easyspub          **인스타그램** @easys_edu

**페이스북** www.facebook.com/easyspub2014          **이메일** service@easyspub.co.kr

**본부장** 조은미   **기획 및 책임 편집** 정지연 | 이지혜, 박지연, 김현주   **교정 교열** 김혜영
**표지 및 내지 디자인** 김용남, 책돼지   **전산편집** 책돼지   **일러스트** 김학수   **인쇄** 보광문화사
**영업 및 문의** 이주동, 김요한(support@easyspub.co.kr)   **마케팅** 라혜주   **독자 지원** 박애림, 김수경

'빠독이'와 '이지스에듀'는 등록된 상표명입니다.

잘못된 책은 구입한 서점에서 바꿔 드립니다.

이 책에 실린 모든 내용, 디자인, 이미지, 편집 구성의 저작권은 이지스퍼블리싱(주)과 지은이에게 있습니다. 허락 없이 복제할 수 없습니다.

ISBN 979-11-6303-653-1-64710

ISBN 979-11-6303-651-7(세트)

가격 13,000원

• **이지스에듀**는 이지스퍼블리싱(주)의 교육 브랜드입니다.

  (이지스에듀는 학생들을 탈락시키지 않고 모두 목적지까지 데려가는 책을 만듭니다!)

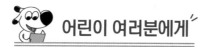 **어린이 여러분에게**

안녕하세요?

나는 어린이와 함께 책을 읽고 글을 쓰는 독서 선생님이에요. 어린이들과 만나 글을 읽고 쓰다 보면 어휘력이 부족해 어려움을 겪는 친구들을 종종 보게 돼요.

어떤 친구들이냐고요?

하고 싶은 말을 적절한 어휘로
표현하지 못하는 어린이

글을 끝까지
완성하지 못하는 어린이

모르는 어휘가 많아
독해를 못하는 어린이

어휘력이 부족해
교과서를 이해하지 못하는 어린이

이런 친구들의 어휘력을 어떻게 하면 길러 줄 수 있을까 고민하다가 이 책을 쓰게 되었어요. 이 책에서는 어휘를 무작정 외우며 공부하라고 하지 않아요. 한 단어씩 차근차근 읽고 쓰다 보면 어느새 그 어휘가 자기 것이 되도록 구성했어요. 자기가 직접 사용할 수 있어야 진짜 어휘력이 자라니까요.

어휘력을 키우는 일은 말과 글을 이해하고 표현하는 데 필요한 보물을 얻는 것과도 같아요. 자기만의 멋진 보물을 쌓아 간다는 생각으로 한 장씩 공부해 보세요.
이 책을 다 끝낼 때쯤이면 어느새 어휘력이 쑥 자라 있을 거예요.

오현선 선생님이.

초등 문해력은 어휘 글쓰기로 완성한다!

# 바빠 초등 문해력 어휘 100

### 교과서를 이해하는 힘, 어휘력

초등 교과서의 상당 부분이 개념을 설명하는 글로 이루어져 있습니다. 이러한 글을 제대로 이해하기 위해 가장 먼저 필요한 것이 바로 어휘력입니다. 학습 용어뿐만 아니라 설명에 쓰인 어휘를 읽고 이해하지 못하면 공부가 어려울 수밖에 없습니다.

### 어휘력을 키우는 방법
### ⊖
### 꾸준한 대화와 독서
### ⊕
### 어휘 교재 학습

문제는 어휘력을 키우기가 쉽지 않다는 점입니다. 어휘력은 태어날 때부터 부모와 나누는 대화를 통해 발달하는 언어 능력의 일부입니다. 또한, 독서도 어휘력을 키우는 중요한 요소입니다. 하지만 요즘 초등학생들이 이 두 가지를 꾸준히 이어가는 것은 쉽지 않습니다.

이러한 상황에서 가장 현실적인 방법은 교재를 활용해 필수 어휘를 학습하는 것입니다. 부모와 나누는 대화나 독서가 자연스럽게 어휘를 익히는 '암묵적 학습'이라면, 어휘 교재를 통한 학습은 어휘를 명확하게 배우는 '명시적 학습'이라고 할 수 있습니다. 이러한 명시적인 학습이 뒤따라야 어휘력 향상이 빨라집니다.

### 표현력이 달라집니다!
### '기다리다'보다는
### '고대하다'
### '바라보다'보다는
### '응시하다'

이 책에서는 생각의 폭을 넓히고 글을 더 풍성하게 만들어 주는 어휘를 다룹니다. 예를 들면 우리가 흔히 사용하는 단어인 '기다리다'보다는 '고대하다'가 간절한 마음을 더 생생하게 표현해 줍니다. 또, '바라보다'보다는 '응시하다'가 한곳을 집중해서 보는 느낌을 좀 더 정확하게 전달합니다. 이처럼 어휘를 얼마나 잘 아느냐에 따라 말과 글을 표현하는 능력이 크게 달라집니다.

또한 이 책은 이러한 어휘의 다양한 활용형까지 알려주어, 상황에 맞게 정확한 어휘를 사용하도록 도와줍니다.

고대하고 ← 고대하다 → 고대하며
고대하는 ← 고대하다 → 고대하던

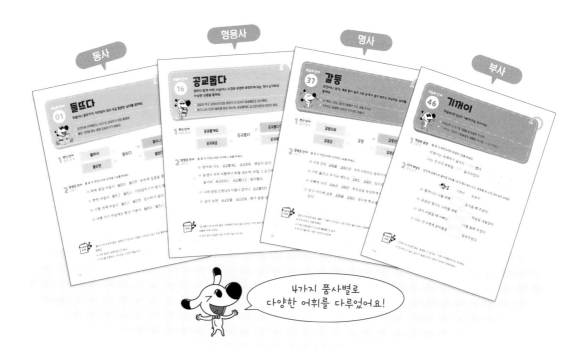

4가지 품사별로
다양한 어휘를 다루었어요!

**공부가 꼭 필요한
추상 명사까지
담았습니다!**

명사에는 구체 명사와 추상 명사가 있습니다. 추상 명사는 눈에 보이지 않거나 손으로 만질 수 없는 것을 나타내기 때문에, 따로 공부하지 않으면 단어를 익히기 어렵습니다. 예를 들어, '삶', '갈등', '곤경' 같은 단어들은 그 뜻을 배우고 나서야, 그 단어가 쓰인 글을 제대로 이해할 수 있고, 또 그 단어를 활용해서 자신의 생각을 담은 글로 표현할 수 있게 됩니다.
이 책을 통해 의미는 알지만 정확하게 알지 못했던 추상 명사들을 익혀 보세요.

**어휘 글쓰기로
진짜 '내 어휘'를
만듭니다!**

어휘를 효과적으로 습득하기 위해서는 그 어휘가 실제로 사용되는 맥락을 알고, 그 안에서 자연스럽게 사용하는 방법을 배워야 합니다. 단순히 어휘의 뜻을 반복해서 읽는다고 어휘를 제대로 익힐 수 없습니다. 또한, 어휘의 다양한 활용형을 알아야 어색하지 않고 자연스럽게 사용할 수 있습니다. 가장 중요한 것은 어휘를 실제로 사용해 보는 것입니다. 어휘를 사용할 때 자신의 경험을 떠올려 글로 표현해 봐야 진짜 '내 어휘'로 만들 수 있습니다.
아이들이 《바빠 초등 문해력 어휘 100》1, 2권으로 부담없이 어휘를 익히고 글쓰기까지 할 수 있게 도와주세요. 이 책이 끝날 무렵에는 어휘력이 크게 자라 있을 것입니다. 일상에서 대화와 독서를 함께하는 것도 잊지 말고 꼭 챙겨 주세요!

## 이 책을 효과적으로 공부하는 방법

같이
읽어 볼까?

### 이 책은 소리 내어 읽으며 공부하면 효과적이에요!
소리 내어 읽으면 내용을 정독하게 되고, 머릿속에 저장되어 학습 효과가 커져요!

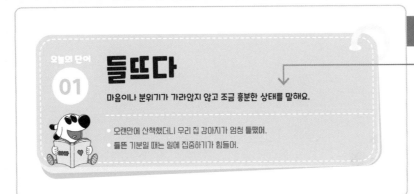

오늘의 단어
01

# 들뜨다
마음이나 분위기가 가라앉지 않고 조금 흥분한 상태를 말해요.

• 오랜만에 산책했더니 우리 집 강아지가 엄청 들떴어.
• 들뜬 기분일 때는 일에 집중하기가 힘들어.

### 0. 오늘의 단어 뜻 알기

오늘 배울 단어의 뜻을 먼저 읽어 보세요. 아이들이 쉽게 읽고 이해할 수 있도록 단어의 뜻을 풀어 썼어요. 또 예문을 읽으며 그 단어가 어떻게 쓰이는지도 함께 파악해 보세요.

들떠서 → 들뜨니

들뜨다

들뜨면 ↘ 들뜬다

### 1. 변신 단어 알아 두기

오늘의 단어는 문장 속에서 알맞은 형태로 변신해요. 단어가 어떻게 변하는지 살펴보세요.

둘 중 더 자연스러운 단어에 ○표를 하세요.

❶ 하루 종일 마음이  들떠서   들뜨면   공부에 집중을 못 했다.

❷ 한번 마음이  들뜨고 / 들뜨니   가라앉히기가 쉽지 않다.

❸ 시합 전에 마음이  들뜨고   들뜨면   실수하기 쉽다.

❹ 여행 가기 전날에는 항상 기분이  들뜬다   들뜨니 .

### 2. 알맞은 단어 고르기

변신 단어 두 개 중 어떤 것이 문장에 알맞은지 골라 보세요. 단어가 문장 안에서 어떻게 쓰이는지 느낄 수 있어요!

엄마가 쇼핑몰에 가자고 하셔서 마음이 **들떴다**. 오랜만에
엄마와 이것저것 구경도 하고 새 옷도 샀다.
친구들에게 얼른 자랑하고 싶었다.

## 3. 친구가 쓴 글 읽어 보기

친구들은 이 어휘와 관련해 어떤
경험을 했을까요? 친구들이 쓴 글을
먼저 읽어 보세요.

---

**1** 마음이 들떴던 경험을 써 봐요.

💡 놀이공원에 놀러 갔을 때, 포장된 생일 선물을 받았을 때, 여행을 앞두었을 때 ←

무슨 내용을 써야 할지
생각나지 않으면 아래 예시를
활용해서 써 봐요.

## 4. 오늘의 단어를 활용한 글쓰기

오늘의 단어를 자기 것으로 만들려면
직접 써 봐야 해요. 어휘와 연관된
자신의 경험을 떠올리며 문장을 써
보세요.

---

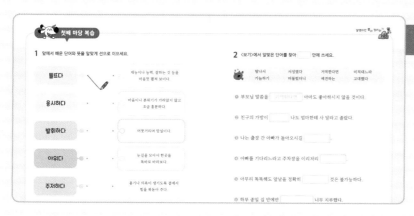

## 5. 모아서 복습하기

각 마당이 끝나면 '오늘의 단어'를
모아서 모두 기억하고 있는지
확인하는 문제를 풀어 보세요.
헷갈리는 단어가 있으면 표시해 두고,
앞으로 돌아가서 복습하세요.

---

### 이 책으로 지도하는 부모님, 이렇게 도와주세요!

✚ 쓴 글은 다시 한 번 읽어 보도록 지도해 주세요.

✚ 아이가 쓴 글을 보고 이야기를 나누어 주세요. 예를 들면 '이 문장이 그래
서 ~하다는 뜻이야?'처럼 궁금한 점을 물으면 된답니다.

 차례

## 바빠 초등 문해력 어휘 100 ②권

☆3학년은 하루에 한 단어씩, 4~5학년은 하루에 두 단어씩 공부하세요!
변신 단어도 익히는 것을 잊지 마세요!

### 첫째 마당  움직임을 표현하는 말 〈동사〉

### 둘째 마당  상태나 성질을 나타내는 말 〈형용사〉

## 바빠 초등 문해력 어휘 100 ①권 어휘 미리보기

| 첫째 마당 | 08 저물다 | 둘째 마당 | 23 후련하다 | 셋째 마당 | 38 담벼락 | 45 무심코 |
|---|---|---|---|---|---|---|
| 01 갖추다 | 09 외면하다 | 16 서투르다 | 24 낯설다 | 31 꾸러미 | 39 산더미 | 46 골똘히 |
| 02 거닐다 | 10 활약하다 | 17 겸손하다 | 25 흡족하다 | 32 꾀 | 40 일생 | 47 뜻대로 |
| 03 거들다 | 11 인내하다 | 18 빈곤하다 | 26 난감하다 | 33 눈치 | 넷째 마당 | 48 꼼꼼히 |
| 04 감격하다 | 12 재촉하다 | 19 늠름하다 | 27 즐비하다 | 34 이튿날 | 41 드디어 | 49 한창 |
| 05 꾸물거리다 | 13 이동하다 | 20 서운하다 | 28 순조롭다 | 35 무렵 | 42 몹시 | 50 즉시 |
| 06 허기지다 | 14 내달리다 | 21 따분하다 | 29 푸짐하다 | 36 시절 | 43 절대로 | |
| 07 겨루다 | 15 허용하다 | 22 소홀하다 | 30 찬란하다 | 37 골목 | 44 간신히 | |

라온오쌤의 쪽지

## 안녕, 친구들!

오늘 여러분은 어떻게 움직였나요? 뭔가 하기 싫어 미적대지는 않았나요? 어떤 일을

간절히 고대하지는 않았나요? 혹은 슬퍼하는 친구를 격려해 주었나요? 이렇게 움직임을

표현하는 어휘를 이번 마당에서 배워 보려고 해요. 어휘를 하나하나 배우면서 주위를 잘 관

찰해 보세요. 그동안에는 보이지 않던 것들이 눈에 띌 거예요. 그리고 보고 듣고 읽고 쓰며

경험해 보았던 어휘라면 이제부터 더 적극적으로 사용해 보세요!

# 움직임을 표현하는 말

| | | | | |
|---|---|---|---|---|
| **01**<br>들뜨다 | **02**<br>응시하다 | **03**<br>발휘하다 | **04**<br>야위다 | **05**<br>주저하다 |
| **06**<br>붐비다 | **07**<br>격려하다 | **08**<br>고대하다 | **09**<br>예견하다 | **10**<br>가늠하다 |
| **11**<br>거역하다 | **12**<br>미적대다 | **13**<br>서성이다 | **14**<br>머무르다 | **15**<br>탐나다 |

# 들뜨다

마음이나 분위기가 가라앉지 않고 조금 흥분한 상태를 말해요.

- 오랜만에 산책했더니 우리 집 강아지가 엄청 **들떴어**.
- **들뜬** 기분일 때는 일에 집중하기가 힘들어.

## 1 변신 단어 알아 두기

들떠서

들뜨면

들뜨다

들뜨니

들뜬다

## 2 알맞은 단어 고르기

둘 중 더 자연스러운 단어에 ○표를 하세요.

❶ 하루 종일 마음이　들떠서　들뜨면　공부에 집중을 못 했다.

❷ 한번 마음이　들뜨고 / 들뜨니　가라앉히기가 쉽지 않다.

❸ 시합 전에 마음이　들뜨고 / 들뜨면　실수하기 쉽다.

❹ 여행 가기 전날에는 항상 기분이　들뜬다 / 들뜨니　.

어휘력 쏙쏙

'들뜨다'와 비슷한 말로 '설레다'가 있어요. 마음이 가라앉지 않고 조금 흥분되어 두근거리는 것을 말해요.

▶ 너무 설레어 밤에 잠이 안 왔어.

▶ 치킨을 주문하고 기다리는 시간이 제일 설레.

**3 친구가 쓴 글 읽어 보기**

엄마가 쇼핑몰에 가자고 하셔서 마음이 **들떴다**. 오랜만에 엄마와 이것저것 구경도 하고 새 옷도 샀다. 친구들에게 얼른 자랑하고 싶었다.

영뚱이 이야기

**4 오늘의 단어를 활용한 글쓰기**

1 마음이 들떴던 경험을 써 봐요.

_____

_____

💡 놀이공원에 놀러 갔을 때, 포장된 생일 선물을 받았을 때, 여행을 앞두었을 때

2 들뜨게 한 그 일이 어떻게 되었는지 자세히 써 봐요.

_____

_____

💡 자유 이용권으로 신나게 놀이 기구를 탔다, 생일 선물 포장을 뜯었더니 갖고 싶던 로봇이 들어 있었다, 여행을 가서 동굴 탐험을 했다

3 그때의 마음이나 기분은 어땠어요?

_____

_____

💡 행복했다, 만족스러웠다, 또 하고 싶었다

**열심히 글을 쓴 친구에게** ✉

뭔가에 들떴던 마음을 글로 써 보세요. 나중에 그 글을 보면 그때 일이 떠올라 또다시 행복해진답니다.

# 응시하다

**눈길을 모아서 한곳을 똑바로 바라보는 것을 뜻해요.**

- 눈 내리는 풍경을 가만히 **응시했어.**
- 누군가 몰래 나를 **응시하는** 것 같아서 무서웠어.

**1** **변신 단어**
알아 두기

응시하니

응시하면

응시하다

응시하는

응시했다

**2** **알맞은 단어**
고르기

둘 중 더 자연스러운 단어에 ○표를 하세요.

❶ 눈을 가만히   응시하니   응시하고   동생은 곧 울음을 그쳤다.

❷ 누군가 나를   응시하여 / 응시하는   것을 느껴 소름이 돋았다.

❸ 눈이 피곤할 때는 먼 곳을 한동안   응시해서 / 응시하면   좀
나아진다.

❹ 아침에 일어나기 싫어 천장을 한참   응시하니   응시했다  .

**어휘력 쏙쏙**

'응시하다'와 비슷한 말로 '바라보다', '주시하다'가 있어요. '바라보다'는 '응시하다'보다 조금 가벼운
느낌이고 '주시하다'는 주의를 집중하여 지켜본다는 뜻이에요.

▶ 우리 가족은 싸우면, 그다음에 5분간 서로를 바라보며 반성해야 해.

▶ 운전할 때는 앞을 주시해야 사고가 안 나.

**3** 친구가 쓴 글
읽어 보기

캠핑을 갔다가 저녁에 바비큐 파티를 했다. 다 먹고 나니 왠지

나른해져 가만히 모닥불을 **응시했다**. 따스한 모닥불처럼

내 마음의 온도도 올라가는 것 같았다.

영뚱이 이야기

**4** 오늘의 단어를
활용한 **글쓰기**

**1** 뭔가를 가만히 응시해 본 경험을 써 봐요.

_____

_____

💡 하늘, 엄마 얼굴, 내 마음, 시험지, 바다, 칠판, 벽시계, 친구들

**2** 응시한 것은 어떤 모습이었어요?

_____

_____

💡 파랬다, 둥그렜다, 고요했다, 납작했다, 계속 움직였다, 잘 모르겠다

**3** 가만히 응시한 느낌이 어땠는지 써 봐요.

_____

_____

💡 아름다웠다, 자주 보고 싶었다, 편안해졌다, 잘 몰랐던 것을 알게 되어 기뻤다

열심히 글을 쓴 친구에게 ✉ ------------------------------------

무엇을 써야 할지 모를 때는 여러분의 주변을, 자연을 그리고 여러분의 마음을 응시해 보세요. 눈에 담아야 마음이 생기고,
마음이 생겨야 글이 되거든요.

# 발휘하다

재능이나 능력, 잘하는 것 등을 마음껏 펼쳐 보이는 것을 말해요.

- 오늘은 이 아빠가 요리 실력을 **발휘해** 볼까!
- 태권도장에서 **발휘한** 내 실력에 모두들 깜짝 놀랐어.

**1** 변신 단어
알아 두기

발휘하여

발휘하니

**발휘하다**

발휘하면

발휘할수록

**2** 알맞은 단어
고르기

둘 중 더 자연스러운 단어에 ○표를 하세요.

❶ 그녀는 초인적인 힘을   발휘하여   발휘하면   아이를 구했다.

❷ 제 실력을   발휘하니 / 발휘하지만   일을 곧 끝낼 수 있었다.

❸ 가진 능력을 모두   발휘하고 / 발휘하면   이 정도쯤은 문제없다.

❹ 화가가 창의성을   발휘할수록 / 발휘하고자   멋진 그림이 탄생한다.

어휘력
쏙쏙

'발휘하다'와 비슷한 말로 '떨치다', '드러내다'가 있어요. '이름을 떨치다', '실력을 드러내다'라는
말을 들어 본 적이 있지요? 아래 문장을 읽고 의미를 다시 떠올려 보세요.

▶ 이번 피아노 대회에서 내 이름을 널리 떨치고 싶어.
▶ 너의 실력을 제대로 드러낸다면 모두들 인정해 줄 거야.

## 3 친구가 쓴 글 읽어 보기

축구 시합을 했다. 우리 팀은 각자 맡은 위치에서 마음껏 실력을 **발휘했다**. 나는 수비를 맡아 평소에 연습한 대로 상대 팀을 막았다. 결국 우리 팀이 이겼다. 앞으로는 공격도 맡고 싶다.

엉뚱이 이야기

## 4 오늘의 단어를 활용한 글쓰기

**1** 실력을 발휘한 경험을 써 봐요.

_____

💡 피아노 연주하기, 달리기, 퍼즐 완성하기, 루빅큐브 맞추기, 요리하기

**2** 어떻게 실력을 발휘했나요?

_____

💡 악보 없이 피아노를 연주했다, 달리기 시합에서 1등을 했다, 1분 안에 큐브를 맞추었다

**3** 앞으로 또 어떤 일에 실력을 발휘하고 싶어요?

_____

💡 태권도, 축구 드리블, 음식 맛있게 먹기, 노래 부르기

### 지도하는 학부모님께 ✉

글쓰기를 '재능'으로 생각하는 경우가 종종 있어요. 하지만 글쓰기는 재능의 문제가 아니에요. 그러니 글쓰기 실력을 발휘한다기보다는 있는 그대로 글로 드러낸다는 표현이 더 어울릴 거예요.

# 야위다

**04**

**몸의 살이 빠져서 조금 힘없는 모습을 뜻해요.**

- 며칠 동안 몸살을 앓았더니 얼굴이 홀쭉하게 **야위었어.**
- 오랜만에 본 친구가 너무 **야위어서** 눈물이 날 뻔했어.

**1 변신 단어 알아 두기**

야위어

야윈

**야위다**

야위니

야윌

**2 알맞은 단어 고르기**  둘 중 더 자연스러운 단어에 ○표를 하세요.

❶ 친구의 얼굴이  야위어  야윈  안쓰러워 보인다.

❷ 언니가 아파서  야윌 / 야위니  엄마가 많이 걱정하셨다.

❸ 바짝  야윈 / 야위고  강아지를 보니 마음이 아팠다.

❹ 몸이  야윈  야윌  때까지 공부했다가는 큰일 난다.

**어휘력 쏙쏙**

'야위다'는 '마르다', '할쭉하다'라는 표현으로 바꾸어 쓸 수도 있어요. 어떤 단어가 익숙하고, 어떤 단어가 낯선가요? 여러분이 쓰는 말이 좀 더 풍성해지도록 단어를 다양하게 사용해 보세요.

▶ 내 동생은 너무 말라서 할머니가 볼 때마다 걱정하셔.
▶ 길에서 할쭉한 강아지를 봤는데 너무 불쌍했어.

## 3 친구가 쓴 글 읽어 보기

엄마가 삼 일 동안 아파서 누워 계셨다. 엄마 얼굴이 너무

야위어서 속상했다. 내가 죽을 먹여 드렸더니 오늘은 조금

기운을 차리셨다. 엄마가 아프지

않았으면 좋겠다.

## 4 오늘의 단어를 활용한 글쓰기

**1 야윈 사람이나 동물 등을 본 경험이 있다면 써 봐요.**

💡 우리 할아버지, 내 동생, 텔레비전에서 본 강아지, 골목에서 본 길고양이

**2 그 모습이 어땠는지 자세히 설명해 봐요.**

💡 힘이 없었다, 아파 보였다, 비쩍 말랐다, 얼굴이 홀쭉했다

**3 그때 어떤 마음이 들었어요? 또는 어떻게 하면 좋을까요?**

💡 슬펐다, 안쓰러웠다, 도와주고 싶었다, 음식을 갖다준다, 약을 사다 준다, 옆에 있어 준다

### 열심히 글을 쓴 친구에게 ✉

작가 중에는 글을 쓰는 데만 집중하느라 야윈 작가도 있다고 해요. 그렇게 되지 않으려면 밥도 잘 챙겨 먹고 운동도 열심히 해야 해요. 여러분도 글을 쓰고 나면 팔이 아프고 힘들죠? 조금 힘들더라도 잘 이겨 내기를 바라요.

# 주저하다

머뭇거리며 망설이는 것을 뜻해요.

- 나는 수업 시간에 발표하는 걸 자꾸 **주저하게** 돼.
- **주저하지** 말고 용기 있게 시작해!

## 1 변신 단어 알아 두기

주저하거나

주저하지

**주저하다**

주저하다가

주저하는

## 2 알맞은 단어 고르기

둘 중 더 자연스러운 단어에 ○표를 하세요.

❶ 옳은 일을 하는 데 조금도   주저하니   주저하거나   망설이지 않는 사람은 멋지다.

❷ 손을 들까 말까   주저하면 / 주저하다가   기회를 놓쳐 버렸다.

❸   주저하지 / 주저하면   않고 뭐든 적극적으로 하는 친구가 부럽다.

❹ 친구는 내게 뭔가 말하기를   주저하는 / 주저하지만   것 같았다.

어휘력 쑥쑥

'주저하다'는 '망설이다', '머뭇머뭇하다'와 비슷한 단어예요. 세 단어 모두 뭔가를 해야 하는데 선뜻 나서지 못하는 상황을 뜻해요. 단어의 이미지를 머릿속에 떠올리며 아래 문장을 읽어 보세요.

▶ 비가 와서 도서관에 갈까 말까 망설였어.

▶ 선생님의 질문에 즉시 대답하지 못하고 머뭇머뭇했어.

## 3 친구가 쓴 글 읽어 보기

엄마가 새로운 수학 학원을 알아보시더니, **주저하지** 않고 바로 등록하고 오셨다. 숙제가 많은 학원이라 걱정이 되었다. 그런데 막상 가 보니 생각보다 괜찮았다.

*엉뚱이 이야기*

## 4 오늘의 단어를 활용한 글쓰기

**1  뭔가 하기를 망설이거나 주저한 경험이 있나요?**

_____

_____

💡 친구에게 먼저 말 걸기, 친구에게 사과하기, 오래달리기, 수업 시간에 발표하기

**2  주저한 이유는 무엇이었어요?**

_____

_____

💡 자신이 없어서, 용기가 없어서, 너무 더워서, 부끄러워서

**3  그래서 어떻게 했나요?**

_____

_____

💡 하지 않았다, 다음으로 미루었다, 용기 내 해 보았다, 도와달라고 했다

### 열심히 글을 쓴 친구에게 ✉

글을 잘 쓸 수 있을지 고민하며 글쓰기를 주저할 필요는 전혀 없답니다. 일단 쓰기 시작하면 처음에 생각한 것과는 다르게 어디로 흘러갈지 모르는 것이 글이거든요. 지금 바로 연필을 들어 뭐든 써 보세요.

# 붐비다

어떤 공간이 사람 등으로 가득 차서 발 디딜 틈이 없는 것을 말해요.

- 우리 동네 맛집에는 항상 사람들이 **붐벼**.
- 사람들로 **붐비는** 시장에 가면 기분이 들뜨는 것 같아.

## 1 변신 단어 알아 두기

붐비니

붐비는

**붐비다**

붐비지만

붐비면

## 2 알맞은 단어 고르기

둘 중 더 자연스러운 단어에 ○표를 하세요.

❶ 축제가 열리는 곳은 늘  붐비니  붐비지만  물건을 잃어버리지 않게 조심해야 한다.

❷ 여름에는 해수욕장이 몹시  붐비어 / 붐비지만  겨울에는 한산하다.

❸ 스키장은 겨울에 가장  붐비는 / 붐비니  곳이다.

❹ 사람이 너무 많아  붐비고  붐비면  빠르게 이동해야 한다.

어휘력 쏙쏙

'붐비다'와 비슷한 말로 '들끓다', '와글와글하다'가 있어요. 뭔가 너무 많아 복잡하고 시끄러운 것을 뜻하지요. 아래 문장을 읽어 보면 의미가 생생하게 느껴질 거예요.

▶ 바닥에 내려놓은 설탕 그릇이 개미로 들끓고 있었어.
▶ 옷을 사러 쇼핑몰에 갔는데, 사람들이 와글와글해서 고르기가 힘들었어.

토요일에 아빠와 영화관에 갔다. 그런데 사람이 너무 **붐비어**

팝콘 하나 사기도 힘들었다. 영화를 보고 나니 아빠가 맛있는

돈가스를 사주셨다. 정말 꿀맛이었다.

다음 주 토요일에도 또 오고 싶다.

**4** 오늘의 단어를
활용한 글쓰기

**1** 사람들로 붐비는 곳에 간 경험을 써 봐요.

_____

_____

💡 시장, 마트, 백화점, 워터파크, 놀이터, 쇼핑몰, 야구장

**2** 그곳의 모습이나 상황을 좀 더 설명해 볼까요?

_____

_____

**3** 그곳에서 무엇을 했어요? 그리고 어떤 기분이 들었어요?

_____

_____

**열심히 글을 쓴 친구에게** ✉ - - - - - - - - - - - - - - - - - - - - -

도서관은 글을 읽고 쓰는 일을 좋아하는 사람들로 늘 붐비는 곳이에요. 도서관에 가면 자기도 모르게 글에 집중하게 된답니다. 글이 잘 안 써질 때는 도서관에 가서 글을 써 보면 어때요?

오늘의 단어

## 07 격려하다

용기나 의욕이 생기도록 곁에서 힘을 북돋워 주는 것을 말해요.

- 아빠는 내가 힘들 때마다 옆에서 **격려해** 주셔.
- 선생님은 우리 반 친구들을 모두 **격려하고** 응원하셔.

**1 변신 단어** 알아 두기

격려하고

격려하는

격려하다 → 격려하니

격려하면

**2 알맞은 단어** 고르기

둘 중 더 자연스러운 단어에 ○표를 하세요.

❶ 다쳐서 입원한 친구를   격려하면   격려하고   위로해 주었다.

❷ 모둠 친구끼리 서로  격려하니 / 격려하느라  자신감이 샘솟았다.

❸ 무대에 오르기 직전까지 서로  격려하는 / 격려하지만  모습을 보니 마음이 뭉클했다.

❹ 친구에게 시험을 잘 보라고  격려하고 / 격려하면  어떨까?

어휘력 쏙쏙

'격려하다'와 비슷한 말로 '응원하다'가 있어요. 힘을 낼 수 있게 도와주는 것을 말해요.

▶ 열심히 응원했더니 우리 팀이 이겼어.

▶ 우리 할아버지는 내가 하는 건 뭐든 응원해 주셔.

수영 대회에 나가기로 결심하고 날마다 열심히 연습했다.

대회를 하루 앞두고 아빠가 나에게 잘할 수 있을 거라고

**격려해** 주셨다. 여전히 떨렸지만 아빠의 말을

들으니 힘이 솟았다.

엉뚱이 이야기

**4** 오늘의 단어를
활용한 글쓰기

**1** 누군가에게 격려를 받아 본 경험을 써 봐요.

💡 태권도 시합에 나가기 전, 열심히 공부한 시험을 망친 후, 달리기 시합에서 꼴찌로 뛸 때

**2** 그 상황을 조금 더 자세히 설명해 볼까요?

**3** 왜 격려해 주어야 할까요? 격려하면 좋은 이유는 뭐예요?

**지도하는 학부모님께** ✉ - - - - - - - - - - - - - - - - - - - - - - - - - - - - - - - - - - - - - - - - - - - -

아이가 쓰는 글은 언뜻 부족해 보이지만, 날것 그대로라 때로는 위대한 힘을 지니고 있어요. 그래서 저는 아이가 쓴 글을
보며 때로는 격려 받는 느낌이 들어요. 부모님도 아이가 쓴 글을 찬찬히 한번 읽으며 경험해 보기를 바라요.

# 고대하다

**뭔가를 간절히 기다리는 것을 말해요.**

- 오늘은 그토록 **고대하던** 여름 방학을 하는 날!
- 오랫동안 가뭄이 이어지자, 사람들은 비가 오기를 **고대하며** 기도했어.

## 1 변신 단어 알아 두기

고대하고

고대하는

**고대하다**

고대하며

고대하던

## 2 알맞은 단어 고르기

둘 중 더 자연스러운 단어에 ○표를 하세요.

❶ 내 꿈이 이루어질 날만을 간절히   고대하면   고대하고   있다.

❷ 형이 대학에 붙기를   고대하며 / 고대하지만   간절히 기도하는 엄마가 짠하다.

❸ 뭔가를   고대하고 / 고대하는   것만으로도 마음이 들뜬다.

❹   고대하니   고대하던   운동회 날에 비가 와서 아이들은 무척 실망했다.

**어휘력 쏙쏙**

'고대하다'와 비슷한 말로 '기다리다', '학수고대하다'가 있어요. 학수고대는 목이 긴 학처럼 목을 길게 빼고 뭔가를 간절히 기다리는 것을 말해요.

▶ 어디 가지 말고 여기에서 꼭 기다려.

▶ 낡은 스마트폰을 새것으로 바꿀 날을 학수고대하고 있어.

## 3 친구가 쓴 글 읽어 보기

내가 엄청 기다리던 책 시리즈의 3권이 드디어 나왔다. 1, 2권보다 훨씬 더 재밌었다. 주인공이 악당을 물리치는 과정에서 우당탕 실수하는 게 정말 웃겼다. 4권이 어서 나오기를 벌써 고대하게 된다.

엉뚱이 이야기

## 4 오늘의 단어를 활용한 글쓰기

**1** 뭔가 고대하는 일이 있다면 써 봐요.

_____

_____

💡 여행 가는 날, 방학, 생일 파티, 할머니 댁 방문

**2** 고대하는 이유가 뭐예요?

_____

_____

**3** 고대하던 것이 이루어지면 기분이 어떨까요? 그때 무엇을 할 거예요?

_____

_____

### 지도하는 학부모님께 ✉

아이가 글을 더 잘 쓰기를 고대한다는 말을 자주 듣곤 해요. 아마도 부모님이 아이의 지금 이 순간을 미성숙함으로 보기 때문에 그런 게 아닌가 싶어요. 지금 이 순간을 '부족한 것'이 아니라 '그 나이의 가장 예쁜 순간'으로 보면 어떨까요?

오늘의 단어

# 09

# 예견하다

앞으로 일어날 일을 미리 짐작하는 것을 말해요.

- 어제 뉴스에서 올여름에 비가 많이 올 거라고 **예견하더라**.
- 과연 앞날을 정확히 **예견할** 사람이 있을까?

## 1 변신 단어 알아 두기

예견하고

예견한

**예견하다**

예견하지만

예견할

## 2 알맞은 단어 고르기

둘 중 더 자연스러운 단어에 ○표를 하세요.

❶ 기상청은 홍수를  예견하고  예견할  대피 방송을 내보냈다.

❷ 많은 전문가가 저마다 앞날을  예견하지만 / 예견할  누구 말이 맞을지는 알 수 없다.

❸ 엄마는 손님이 곧 떠날 거라는 사실을  예견한 / 예견하고  듯했다.

❹ 그 어떤 예언가도 미래를 정확히  예견하니 / 예견할  수는 없다.

어휘력 쏙쏙

'예견하다'와 비슷한 말로 '예상하다', '내다보다'가 있어요. 아직 일어나지 않은 앞날을 예측하는 것을 말해요.

▶ 비가 올 것으로 예상되어 체험 학습을 취소하다니, 너무 속상해.

▶ 앞날을 내다볼 수 없어서 매일이 더 설레는 것 같아.

## 3 친구가 쓴 글 읽어 보기

수업 시간에 약 100년 뒤 미래를 상상하며 **예견해** 보았다.

앞으로는 사람을 도와주는 로봇이 많아질 것이다. 사람들은

대부분 로봇을 하나씩 데리고 다닐 것이다.

또 로봇이 아이들의 책가방을 들어 주는

모습도 쉽게 볼 수 있을 것이다.

## 4 오늘의 단어를 활용한 글쓰기

**1** 앞으로 100년 뒤 미래 사회의 모습을 예견해 봐요.

💡 로봇이 집안일을 다 해 준다, 하늘을 나는 자동차를 타고 다닌다

**2** 그런 사회에서 살면 어떨 것 같아요?

**3** 지금 사회의 모습 중 변하지 않았으면 하는 것은 뭐예요?

### 지도하는 학부모님께 ✉

글쓰기의 큰 매력은 내가 잡은 연필이 나를 어디로 이끌지 모른다는 것, 예견할 수 없다는 데 있어요. 글을 쓰다 보면
처음에 생각한 것과 달라질 때가 많거든요. 아이들이 글쓰기의 매력을 한껏 느끼도록 상상하여 쓸 기회를 자주 주세요.

# 가늠하다

**10**

어떤 목표 혹은 기준에 맞는지 아닌지, 또는 어떻게 될지 헤아려 보는 것을 뜻해요.

- 옛날 사람들은 별자리를 보고 방향을 **가늠하며** 길을 찾았대.
- 외국인은 나이를 **가늠하기** 어려워.

**1 변신 단어 알아 두기**

가늠하려고

가늠하다 → 가늠하려면

가늠할 → 가늠해

**2 알맞은 단어 고르기**   둘 중 더 자연스러운 단어에 ○표를 하세요.

① 목수가 크기를   가늠하지만   가늠하려고   목재를 창틀에 댔다.

② 승패를   가늠하려면 / 가늠하기가   객관적으로 판단해야 한다.

③ 그 사람의 말이 거짓인지 아닌지 도저히   가늠한 / 가늠할   수가 없었다.

④ 한쪽 눈을 감고 다른 쪽 눈으로 과녁을   가늠하니   가늠해   보았다.

어휘력 쏙쏙

'가늠하다'는 '헤아리다', '짐작하다'와 비슷해요. 세 단어 모두, 아직 모르는 일의 결과를 미루어 생각하는 것을 뜻하지요.

▶ 네 마음을 헤아릴 수 없어서 너무 답답해.

▶ 이미 결과를 짐작했기 때문에 실망하지는 않았어.

**3 친구가 쓴 글 읽어 보기**

희주가 인사도 없이 내 옆을 쌩하고 지나갔다. 도대체 왜 그러는지 모르겠다. 희주는 기분이 자주 바뀌어서 속마음을 도통 **가늠할** 수가 없다. 내일 희주를 만나면 말을 걸어 봐야겠다.

(엉뚱이 이야기)

**4 오늘의 단어를 활용한 글쓰기**

1 가늠하기 힘든 것이 있다면 써 봐요.

_____

_____

💡 엄마 마음, 친구 마음, 내일 날씨, 내년에 자랄 나의 키, 수영장 깊이

2 가늠하기 힘든 이유가 뭐예요?

_____

_____

_____

3 어떻게 하면 가늠할 수 있을까요? 가늠이 안 되면 어떻게 해야 할까요?

_____

_____

_____

**열심히 글을 쓴 친구에게 ✉**

글을 쓰다가 막히면 잠시 멈추고 여러분이 정말 쓰고 싶은 것인지 가늠해 보세요. 고민하는 그 시간의 힘이 매우 크답니다.

# 거역하다

윗사람의 말이나 지시에 따르지 않는 것을 말해요.

- 군인이 명령을 **거역하면** 어떻게 될까?
- 부모님의 뜻을 따르지 않고 **거역했다가** 혼났어.

**1 변신 단어 알아 두기**

거역하고

거역하다

거역하니

거역한

거역할

**2 알맞은 단어 고르기**  둘 중 더 자연스러운 단어에 ○표를 하세요.

❶ 엄마는 학교 공부에만 집중하라는 할머니 말씀을

거역하니  거역하고  노래를 배웠다.

❷ 선생님 말씀을 │ 거역하니 / 거역하지만 │ 친구들이 모두 놀랐다.

❸ 우리 형은 부모님 말씀을 한 번도 │ 거역하지만 / 거역한 │ 적이
없었다.

❹ 감히 왕의 명령을 │ 거역하고 / 거역할 │ 것인가?

어휘력 쏙쏙

'거역하다'와 비슷한 말로 '반항하다', '거스르다'가 있어요.

▶ 우리 반에 선생님께 자주 반항하는 애가 있어.

▶ 아버지의 뜻을 거스르는 건 쉽지 않아.

**친구가 쓴 글**
**읽어 보기**

《마법의 설탕》이라는 책을 읽었다. 주인공이 부모님의 말씀을

**거역해서** 벌어지는 재밌는 이야기였다. 나는 부모님이 내

말을 안 들어주셔도, 절대로 부모님이 마법의

설탕을 먹게 하진 않을 것이다.

**4** **오늘의 단어를**
**활용한 글쓰기**

**1** 부모님이나 어른의 말씀을 거역한 경험을 써 봐요.

_____

_____

💡 책 읽기, 공부하기, 일찍 자기, 싸우지 않기, 편식하지 않기

**2** 거역한 이유는 무엇이었어요?

_____

_____

**3** 그 결과로 어떻게 되었나요?

_____

_____

**열심히 글을 쓴 친구에게** ✉

어른들이 글쓰기를 연습하라고 할 때, 귀찮거나 하기 싫어서 거역하고 싶은 마음이 들 수 있어요. 하지만 꾹 참고 한번 써 보면 어때요? 글은 내 생각과 마음을 표현하는 중요한 수단이거든요.

# 미적대다

**해야 할 일을 자꾸 미루거나, 꾸물대는 것을 뜻해요.**

- 숙제할 때마다 **미적대는** 건 나도 사실 싫어.
- 그 아이는 **미적대며** 살살 눈치를 보았어.

## 1 변신 단어 알아 두기

미적대고

미적대느라고

미적대다

미적대다가

미적대는

## 2 알맞은 단어 고르기

둘 중 더 자연스러운 단어에 ○표를 하세요.

❶ 아이들이 계속  미적대어서   미적대고  있자 선생님의 표정이
   좋지 않았다.

❷ 하루 종일  미적대느라고 / 미적대지만  제대로 한 일이 없다.

❸ 밤늦게까지  미적대지만 / 미적대다가  늦게 일어났다.

❹ 저렇게  미적대는   미적대고  걸 보면 뭔가 이유가 있을 것이다.

어휘력
쏙쏙

'미적대다'는 조금 다른 표현으로 '미적거리다'라고도 해요. 1권에서 배운 '꾸물거리다'라는 말과도
매우 비슷해요.

▶ 나는 할 일이 많으면 괜히 더 미적거리게 되더라.
▶ 꾸물거리지 말고 앞으로 나와 발표하렴.

주말 아침에 눈을 떴는데 계속 자고 싶었다. 그래서 침대에서

**미적대는데** 시간이 지나도 아무도 나를 부르지 않았다.

이상해서 나가 보니 엄마는 안방 침대에, 아빠는

거실 소파에 아직 누워 계셨다. 우리는 서로

눈을 마주치고 한참 웃었다.

**4** 오늘의 단어를
활용한 글쓰기

1 어떤 일에, 혹은 언제 미적댔는지 써 봐요.

_____

_____

2 미적댈 때 어떤 마음이나 생각이 들었어요?

_____

_____

3 미적대는 건 나쁜 것일까요? 여러분의 생각을 써 봐요.

_____

_____

**열심히 글을 쓴 친구에게** ✉

연필을 잡았는데 뭘 써야 할지 모르겠더라도 너무 걱정하지 말아요. 여러분이 미적대도 종이는 인내심 있게 기다려 주니까요. 종이는 늘 너그러워요. 여러분이 언제 쓰든, 무엇을 쓰든 다 받아 준답니다.

# 서성이다

한곳에 있지 않고 주위를 왔다 갔다 하는 것을 뜻해요.

- 집 앞을 **서성이는** 수상한 사람을 보았어.
- 나는 괜히 운동장을 이리저리 **서성였어.**

**1** **변신 단어**
알아 두기

서성이니

서성이던

서성이다 → 서성이는

서성였다

**2** **알맞은 단어**
고르기    둘 중 더 자연스러운 단어에 ○표를 하세요.

❶ 공원을  서성이지만  서성이니  왠지 한가한 사람 같아 보였다.

❷ 누군가 창문 밖에서  서성이느라 / 서성이는  모습을 보았다.

❸ 거실을  서성이던 / 서성이느라  아빠는 뭔가 결심한 듯 방으로
들어가셨다.

❹ 영어 단어를 외느라 복도를 한참  서성였다 / 서성일까 .

어휘력
쏙쏙

'서성이다'와 비슷한 말로 '오락가락하다'가 있어요. '오락가락하다'는 계속해서 왔다 갔다
한다는 뜻이에요.

▶ 아빠는 거실과 방을 계속 오락가락하셨어.
▶ 나는 복도를 계속 오락가락하며 친구를 찾았어.

**3** **친구가 쓴 글 읽어 보기**

친구와 만나기로 약속하고 친구 집 앞을 **서성였다**. 10분쯤 기다리니까 친구가 밖으로 나왔다. 우리는 같이 학교 운동장으로 가서 신나게 축구를 했다.

똥이 이야기

**4** **오늘의 단어를 활용한 글쓰기**

**1** 어딘가를 서성였던 경험을 써 봐요.

_____

_____

💡 집 앞, 공원, 학교 운동장, 골목, 복도

**2** 그곳에서 서성인 이유가 뭐였어요?

_____

_____

**3** 서성일 때의 마음은 어땠나요?

_____

_____

**열심히 글을 쓴 친구에게** ✉️

어느 시인은 시를 쓰기 힘들 때면 거리를 이리저리 서성인다고 해요. 사람들이 움직이는 모습을 보다 보면 종종 영감이 떠오르기 때문이래요. 여러분도 글쓰기를 할 때 생각이 잘 떠오르지 않는다면 어딘가를 서성여 보세요. 눈으로 보는 모든 것이 글쓰기의 재료가 될 거예요.

오늘의 단어

14

# 머무르다

도중에 멈추거나 일시적으로 어떤 장소에 묵는 것을 말해요. 더 나아가지 못하고 일정한 수준에 그치는 것을 뜻하기도 해요.

- 이번 여름 방학에는 동해에서 1박 2일 동안 **머무를** 예정이야.
- 1등을 목표로 했지만 5등에 **머무르고** 말았어.

**1 변신 단어 알아 두기**

머무르니

머무르다

머무를

머무르고는

머물러서

**2 알맞은 단어 고르기** 둘 중 더 자연스러운 단어에 ○표를 하세요.

❶ 한 숙소에 오래   머무르니   머무르고   조금 지겨웠다.

❷ 엄마의 눈길은 나에게 한참   머무르니까 / 머무르고는   했다.

❸ 시골 할머니 댁에서 며칠   머무를 / 머물러서   생각이다.

❹ 내 성적이 한동안 아래쪽에   머물러서 / 머무를   부모님이 걱정하셨다.

어휘력 쏙쏙

'머무르다'와 비슷한 말로 '멈추다'가 있어요.

▶ 멈추었던 비가 다시 내리니 시원해.
▶ 앞서가던 차가 갑자기 멈추어서 사고가 날 뻔했어.

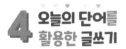
**3** **친구가 쓴 글 읽어 보기**

학교에서 집으로 돌아오는 길에 민들레 홀씨를 보았다. 입으로 '후' 하고 불었더니 민들레 홀씨가 날아갔다. 둥실둥실 떠가는 모습이 참 예뻤다. 그 자리에 **머물러** 서서 한참을 바라보았다.

**4** **오늘의 단어를 활용한 글쓰기**

1 어딘가에 머물렀던 경험을 써 봐요.

_____

_____

💡 길거리, 할머니 댁, 운동장, 숙소, 자전거 쉼터, 친구네 집

2 그곳에 왜 머물렀어요?

_____

_____

3 그곳에서 무엇을 했나요?

_____

_____

**열심히 글을 쓴 친구에게** ✉ - - - - - - - - - - - - - - - - - - - - - - - - -

여러분의 시선이 오래 머물렀던 것이 있나요? 있다면 관찰해서 그대로 글에 담아 보세요. 멋진 글이 될 거예요.

# 탐나다

**15**

가지거나 차지하고 싶은 마음이 생기는 것을 뜻해요.

- 낮에 신어 본 새 운동화가 **탐나서** 눈앞에 아른거려.
- 남이 가진 것은 아무리 **탐나도** 떠올리지 말아야 해.

---

## 1 변신 단어 알아 두기

탐나도

탐나는

**탐나다**

탐나서

탐난다

---

## 2 알맞은 단어 고르기

둘 중 더 자연스러운 단어에 ○표를 하세요.

❶ 멋진 물건이 　탐나도　 탐나니　 내 것이 아니면 꾹 참아야 한다.

❷ 친구의 새 신발이 　탐나면 / 탐나서　 한참 바라보았다.

❸ 나에게도 　탐나는 / 탐나고　 물건이 생겼다.

❹ 문구점에 가면 예쁜 문구가 많아 　탐나니 / 탐난다　.

---

어휘력 쏙쏙

'탐나다'와 비슷한 말은 '부럽다'예요. 남의 좋은 물건을 보고 갖고 싶어 하거나, 남처럼 잘되고 싶어 하는 마음을 뜻해요.

▶ 우리 형은 운동을 잘해서 부러워.

▶ 남이 부러운 마음이 들 때는 내가 가진 것을 생각하자.

친구가 새로 나온 스마트폰을 선물 받았다며 자랑했다.

참 **탐났다**. 나한테도 그렇게 멋진 스마트폰이 있다면

좋을 텐데…… 우리 엄마는 언제쯤 사 주실까?

영똥이 이야기

4 **오늘의 단어를**
**활용한 글쓰기**

**1** 요즘 탐나는 물건이나 능력이 있나요?

_____

_____

💡 친구의 게임기, 새로 나온 스마트워치, 형의 수영 실력, 태권도 사범님의 발차기 실력

**2** 그 물건이나 능력이 왜 탐나요?

_____

_____

**3** 그 물건이나 능력을 갖게 된다면 어떨 것 같아요?

_____

_____

**지도하는 학부모님께** ✉ - - - - - - - - - - - - - - - - - - - - - - - - - -

다른 아이가 잘 쓴 글을 보고 부러워하는 부모님을 종종 뵙곤 해요. 그보다는 내 아이가 글에 어떤 마음을 담고 있는지,
아이의 글에 더 관심을 기울여 주시는 게 어떨까요?

# 첫째 마당 복습

**1** 앞에서 배운 단어와 뜻을 알맞게 선으로 이으세요.

들뜨다 　　　　　　 재능이나 능력, 잘하는 것 등을
마음껏 펼쳐 보이다.

응시하다 　　　　　 마음이나 분위기가 가라앉지 않고
조금 흥분하다.

발휘하다 　　　　　 머뭇거리며 망설이다.

야위다 　　　　　 눈길을 모아서 한곳을
똑바로 바라보다.

주저하다 　　　　 용기나 의욕이 생기도록 곁에서
힘을 북돋아 주다.

붐비다 　　　　 몸의 살이 빠져서 조금
힘없게 되다.

격려하다 　　　　 어떤 공간이 사람 등으로
가득 차서 발 디딜 틈이 없다.

**2** 〈보기〉에서 알맞은 단어를 찾아 ☐ 안에 쓰세요.

보기

| 탐나서 | 서성였다 | 거역한다면 | 미적대느라 |
| 가늠하기 | 머물렀더니 | 예견하는 | 고대했다 |

❶ 부모님 말씀을 ☐거역한다면☐ 아마도 좋아하시지 않을 것이다.

❷ 친구의 가방이 ☐ ☐ 나도 엄마한테 사 달라고 졸랐다.

❸ 나는 출장 간 아빠가 돌아오시길 ☐ ☐.

❹ 아빠를 기다리느라고 주차장을 이리저리 ☐ ☐.

❺ 아무리 똑똑해도 앞날을 정확히 ☐ ☐ 것은 불가능하다.

❻ 하루 종일 집 안에만 ☐ ☐ 너무 지루했다.

❼ 아침마다 ☐ ☐ 학교에 항상 늦는다.

❽ 삼촌은 무뚝뚝해서 지금 기분이 어떤지 ☐ ☐ 어렵다.

## 안녕, 친구들!

이 세상에 있는 것들은 모두 어떤 상태로 있거나 어떤 성질을 지니고 있어요. 장례식장 분위기는 엄숙하고요. 어떤 사람은 다른 사람에게 무례하기도 해요. 이 세상에는 뜻하지 않게 벌어지는 공교로운 일도 있어요. 새로 간 학원에서 하필이면 싸워서 서먹한 친구와 만나는 것처럼요. 이번에는 어떤 상태나 성질을 나타내는 이런 말들을 배워 볼 거예요. 단어를 소리 내어 읽어 보고 예시 문장도 읽어 보세요. 그래야 여러분의 단어가 되어 말하거나 글을 쓸 때 좀 더 멋지고 섬세하게 표현할 수 있답니다.

# 둘째 마당

# 상태나 성질을 나타내는 말

| ⑯ 공교롭다 | ⑰ 담대하다 | ⑱ 능숙하다 | ⑲ 엄숙하다 | ⑳ 의아하다 |
|---|---|---|---|---|
| ㉑ 경솔하다 | ㉒ 검소하다 | ㉓ 무례하다 | ㉔ 냉정하다 | ㉕ 절박하다 |
| ㉖ 강인하다 | ㉗ 거뜬하다 | ㉘ 영민하다 | ㉙ 공정하다 | ㉚ 드물다 |

# 공교롭다

뜻하지 않게 어떤 사실이나 사건과 우연히 마주치게 되는 것이 신기하고 이상한 상황을 말해요.

- 김밥이 먹고 싶었는데 마침 엄마가 사 오셔서 **공교롭다고** 생각했어.
- 화가 나서 쓰레기봉투를 발로 찼는데, **공교롭게도** 길고양이한테 맞았지 뭐야.

## 1 변신 단어 알아 두기

공교롭게도

공교로운

공교롭다

공교롭다고

공교로울

## 2 알맞은 단어 고르기

둘 중 더 자연스러운 단어에 ○표를 하세요.

❶ 엄마와 나는   공교롭게도   공교로워   생일이 같다.

❷ 동생이 자꾸 괴롭혀서 화를 냈는데, 하필 그 순간에 엄마가
들어와   공교로우니 / 공교롭다고   생각했다.

❸ 나와 담임 선생님의 이름이 같다니   공교롭지만 / 공교로운   일이다.

❹ 살다 보면   공교로울 / 공교로워   때가 종종 있다.

 어휘력 쏙쏙

'공교롭다'와 비슷한 말로 '우연하다'라는 말도 있어요. 어떤 일이 뜻하지 않게 저절로 이루어지는 상황에 두루 쓰여요.

▶ 우리 팀이 우승한 것은 우연한 일이 아니야.

동생이 자꾸 약 올리기에 화가 나서 소리를 질렀다. 그런데

하필이면 **공교롭게도** 그때 아빠가 방으로 들어오셨다. 평소에

동생이 먼저 약 올릴 때는 아무도 안 오고……. 늘 나만

나쁜 아이가 되는 것 같아서 속상하다.

엉뚱이 이야기

**4** 오늘의 단어를
활용한 글쓰기

**1** 공교로웠던 일을 써 봐요. 기억이 안 나면 '우연히 일어났던 일'을 떠올려 봐요.

_____

_____

💡 수업 시간에 잠시 떠들 때 선생님이 보신 것, 친구와 이름이 같은 것, 친구와 같은 옷을 입은 것

**2** 그 상황에서 어떤 말이나 행동을 했어요?

_____

_____

💡 당황했다, 신기했다, 웃었다, "왜 이런 일이 생기지?", "이럴 수가!"

**3** 공교로운 일이 생기는 것을 어떻게 생각해요?

_____

_____

💡 안 일어났으면 좋겠다, 신기한 일이다, 잘 안 일어나는 일이다

**열심히 글을 쓴 친구에게** ✉ ------------------------------------------

여러분이 쓴 일기 제목과 친구가 쓴 일기 제목이 겹친다면 참 공교로운 일일 거예요. 세상엔 이런 일이 종종 생기곤 해요.

# 담대하다

겁이 없고 씩씩하며 배짱이 두둑한 것을 말해요.

- 여러분, 우리는 **담대하게** 앞으로 나아가야 합니다.
- 그는 성격이 **담대하여** 그 어떤 위험도 두려워하지 않았어.

## 1 변신 단어 알아 두기

담대하여

담대한

**담대하다**

담대하니

담대해야

## 2 알맞은 단어 고르기

둘 중 더 자연스러운 단어에 ○표를 하세요.

① 언제나  담대하여  담대할  두려움을 모르는 사람이 되고 싶다.

② 너는  담대하고 / 담대하니  계속 앞으로 나아갈 수 있을 것이다.

③ 이순신 장군은 어릴 때부터 밤에 혼자 산길을 갈 정도로

담대할 / 담대한  분이었다.

④ 어려움이 찾아올수록 더욱  담대하면 / 담대해야  한다.

어휘력
쏙쏙

'담대하다'와 비슷한 말로 '대범하다', '대담하다'가 있어요. 겁내지 않고 씩씩하며, 성격이나 태도가 작은 것에 얽매이지 않는 것을 뜻해요.

▶ 호랑이 앞에서도 대범한 성격이라면 말 다 했지!

▶ 너보다 덩치 큰 사람과 대담하게 맞서 싸울 수 있어?

어떤 아이가 복도에서 내 친구 수정이를 놀려 댔다. 그

아이는 툭하면 다른 친구를 괴롭히곤 했다.

나는 조금 겁났지만 그러지 말라고 **담대하게**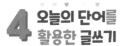

말했다. 용기 내서 나서길 잘한 것 같다.

**4** 오늘의 단어를
활용한 글쓰기

**1** 담대하고 용기 있게 행동한 경험을 써 봐요.

_____

_____

💡 덩치 큰 친구가 약한 친구를 괴롭히는 것을 막았다

**2** 그때 상황을 좀 더 자세히 설명해 봐요.

_____

_____

💡 나보다 약한 친구를 괴롭히는 건 나쁜 일이라고 말했다

**3** 담대한 행동이 왜 필요할까요? 그렇게 생각하는 이유는요?

_____

_____

💡 잘못을 바로잡기 위해서, 그 상황에 꼭 필요하니까

**열심히 글을 쓴 친구에게** ✉

생각보다 용기가 필요한 일들이 있어요. 선생님은 글쓰기도 그중 하나라고 생각해요. 다른 사람이 여러분의 글에 관해
뭐라고 하든 담대하게 쓰세요. 어떤 내용이든 일단 쓰기 시작하고, 계속해서 쓰다 보면 잘 쓸 수 있어요.

# 능숙하다

**무척 익숙하게 잘하는 모습을 뜻해요.**

- 너는 영어가 **능숙해서** 참 좋겠다.
- **능숙하게** 공을 차는 친구가 부러워.

---

**1 변신 단어 알아 두기**

능숙하여

능숙한

능숙하다 → 능숙하게

능숙해질까

---

**2 알맞은 단어 고르기**   둘 중 더 자연스러운 단어에 ○표를 하세요.

❶ 이모는 영어가   능숙하지만   능숙하여   외국인과 영어로 대화한다.

❷ 뭐든   능숙하게 / 능숙하지만   잘하려면 그만큼 열심히 해야 한다.

❸ 자기 일에   능숙한 / 능숙할   사람을 보면 믿음직스럽다.

❹ 부족한 내 그림 실력도 계속 연습하면   능숙해진다 / 능숙해질까   ?

---

어휘력 쏙쏙

'능숙하다'와 비슷한 말로 '능통하다', '능란하다'가 있어요. 익숙하게 잘하는 모습은 '능통하다', 익숙하고 솜씨가 있는 모습은 '능란하다'로 표현하는 게 잘 어울려요.

▶ 우리 오빠는 컴퓨터에 능통해서 멋있어.
▶ 집안일을 도우러 온 아주머니는 요리뿐만 아니라 청소에도 능란한 솜씨를 발휘하셨어.

## 3 친구가 쓴 글 읽어 보기

나는 초등학교에 막 입학했을 때만 해도 혼자 할 줄 아는 게 별로 없었다. 그런데 씻기, 가방 싸기, 숙제하기를 스스로 하다 보니 이제는 꽤 **능숙해졌다.** 엄마가 나에게 기특하다며 칭찬해 주셨다.

영뚱이 이야기

## 4 오늘의 단어를 활용한 글쓰기

**1** 여러분이 능숙하게 할 수 있는 일을 써 봐요.

💡 신발 끈 묶기, 옷의 단추 잠그기, 젓가락질, 글쓰기, 책 읽기

**2** 능숙하게 해내는 일을 좀 더 자세히 설명해 볼까요?

💡 신발 끈이 풀려도 금세 묶을 수 있다, 셔츠의 단추를 잘 잠근다

**3** 그 일을 어떻게 해서 잘하게 되었어요?

💡 연습해서, 자주 해서, 좋아해서, 필요해서

### 지도하는 학부모님께 ✉

글쓰기에 능숙한 작가들도 막상 흰 종이를 앞에 두면 두려움이 생긴다고 해요. 그런 걸 보면 글쓰기는 웬만큼 능숙해져도 어려운 일 같아요. 아이가 한 문장이라도 쓴다면 칭찬과 격려를 아끼지 마세요!

# 19 엄숙하다

**어떤 분위기 또는 사람의 말 등이 무겁고 조용하며 진지한 것을 말해요.**

- **엄숙한** 분위기일 때는 조용히 해야 해.
- 교장 선생님이 조회 시간에 **엄숙하게** 말씀하셨어.

## 1 변신 단어 알아 두기

엄숙하고

엄숙한

**엄숙하다**

엄숙하게

엄숙해서

## 2 알맞은 단어 고르기

둘 중 더 자연스러운 단어에 〇표를 하세요.

❶ 아빠의 표정이 〔 엄숙하고   엄숙해서 〕 진지해서 잔뜩 긴장했다.

❷ 처음 가 본 장례식장 분위기가 무척 〔 엄숙하게 / 엄숙해도 〕 느껴졌다.

❸ 그 아이는 나이답지 않게 〔 엄숙한 / 엄숙하니 〕 표정이었다.

❹ 오르간 소리가 너무 〔 엄숙하지만 / 엄숙해서 〕 마음이 가라앉았다.

 **어휘력 쑥쑥**

'엄숙하다'와 비슷한 말로 '경건하다'가 있어요. 공손히 받들어 모시며, 몸가짐이나 말 또는 행동을 조심한다는 뜻이에요.

▶ 기도는 경건한 마음으로 해야 해.

▶ 나는 할아버지의 무덤 앞에서 경건하게 머리를 숙였어.

**3** 친구가 쓴 글
읽어 보기

우리 선생님은 조금 무섭다. 매일 아침 **엄숙하게** 말씀하셔서,

나와 친구들도 덩달아 **엄숙한** 태도로 듣는다.

아침마다 분위기가 너무 무거워서 좀 힘들다.

**4** 오늘의 단어를
활용한 글쓰기

**1** 엄숙한 분위기를 어디에서 느껴 보았나요?

_____

_____

💡 교회, 도서관, 병원, 국립묘지, 절

**2** 엄숙한 곳에서는 어떻게 행동해야 할까요?

_____

_____

💡 조용히, 발걸음을 조심스럽게, 얌전하게, 바른 자세로, 천천히

**3** 엄숙한 곳에서 떠들거나 장난치는 사람들을 보면 뭐라고
말하고 싶어요?

_____

_____

💡 조용히 해 주세요, 예의를 지켜 주세요

**지도하는 학부모님께** ✉

지나치게 엄숙한 분위기에서는 생각이나 행동이 딱딱하게 굳어 뭔가를 하기 어려워요. 글쓰기는 특히 더 그렇답니다.
아이와 편안하게 대화하며 생각을 끌어내 주세요. 그러면 글을 더 잘 쓸 수 있어요.

# 의아하다

**뭔가 의심스럽고 이상하다는 뜻이에요.**

- 누나는 내가 왜 갑자기 웃었는지 **의아한** 눈빛이었어.
- 평소 안 하던 공부를 열심히 했더니 엄마가 **의아하게** 쳐다보셨어.

**1 변신 단어**
알아 두기

| 의아하고 | | 의아하게 |
|---|---|---|
| | 의아하다 | |
| 의아한 | | 의아해서 |

**2 알맞은 단어**
고르기

둘 중 더 자연스러운 단어에 ○표를 하세요.

❶ 갑자기 왜 그랬는지  의아하게   의아하고   이해가 안 됐다.

❷ 친구는 내가 왜 갑자기 친절하게 구는지  의아하게 / 의아하여
여겼다.

❸ 주위 사람들은  의아한 / 의아해서  표정이었다.

❹ 누가 내 책상에 쪽지를 두고 갔는지  의아하고 / 의아해서
주위를 둘러보았다.

어휘력
쏙쏙

'의아하다'와 비슷한 말로 '의심스럽다'가 있어요. 확실히 알 수 없어 믿기 힘든 상황을 뜻해요.

▶ 내 과자를 몰래 먹은 건 동생 같아. 아무리 생각해도 의심스러워.

▶ 어딘가 의심스러운 사람을 보면 조심해야 해.

비가 내린 후 무지개가 떴는데 일곱 가지 색이 아니었다. 너무

의아해서 우리 집에 있는 과학 책을 다시 펼쳐 보았더니, 분명히

무지개는 일곱 가지 색이라고 나와 있었다. 다음에는

무지개를 더 자세히 살펴봐야겠다.

엉뚱이 이야기

**4** 오늘의 단어를
활용한 글쓰기

**1** 뭔가 의아하게 느낀 적이 있나요?

_____

_____

💡 이해가 안 되는 엄마의 말씀, 친구의 갑작스러운 행동, 하늘이 맑은데 비가 오는 것

**2** 그래서 어떻게 했어요?

_____

_____

💡 엄마에게 여쭈어보았다, 왜 그랬을지 생각해 보았다, 인터넷에서 정보를 찾아보았다

**3** 그 결과는 어땠나요?

_____

_____

💡 이해가 되었다, 더 궁금해졌다, 그냥 넘어갔다

✿ ≈ ❀ 🍃 ··· ❀ ⌒ 🌷 ꞏꞏ 🌱 ⁞⁞ ◎

**지도하는 학부모님께** ✉ - - - - - - - - - - - - - - - - - - - - - - - - - - - - - - - - - - - - - - - - - - - -

아이가 쓴 글을 읽다가 의아한 부분이 있다면 질문해 보세요. 아이의 설명을 들으면 어떤 것을 표현하려고 했는지 알 수
있어요. 이런 경험이 쌓일수록 아이는 다른 사람도 잘 이해할 수 있는 글을 쓰게 된답니다.

# 경솔하다

**말이나 행동이 조심성 없이 가벼운 것을 뜻해요.**

- 말과 행동이 **경솔하면** 다른 사람이 싫어해.
- 그 아이는 모든 일에 **경솔해**.

## 1 변신 단어 알아 두기

경솔하고

경솔한

경솔하다

경솔하게

경솔해서

## 2 알맞은 단어 고르기

둘 중 더 자연스러운 단어에 ○표를 하세요.

① 경솔하고　경솔하지만　생각 없이 한 말이 큰 오해를 불러왔다.

② 친구의 말을 ┃ 경솔하지만 / 경솔하게 ┃ 판단해서 실수했다.

③ 누군가 ┃ 경솔하고 / 경솔한 ┃ 행동을 할 때는 주변에서 말려야 한다.

④ 그는 ┃ 경솔해서 / 경솔하면 ┃ 실수도 많은 편이다.

어휘력 쏙쏙

'경솔하다'와 비슷한 말로 '방정맞다'가 있어요. 몹시 까불어서 점잖지 못한 것을 뜻해요. 이와 반대로 생각을 많이 하고 조심스럽게 행동하는 것은 '신중하다'라고 해요.

▶ 식당에서 너무 방정맞게 떠들면 안 돼.
▶ 시험 문제를 풀 때는 신중하게 풀어야 해.

## 3 친구가 쓴 글 읽어 보기

선생님이 과학실에서 실험 방법을 설명하며 조심하라고 당부하셨다. 그런데 내가 너무 **경솔하게** 행동해서 약품을 쏟고 말았다. 나 때문에 실험이 늦어져 선생님과 친구들에게 미안했다.

## 4 오늘의 단어를 활용한 글쓰기

**1** 경솔하게 행동했던 경험이 있다면 써 봐요.

_____

_____

💡 친구와 놀았을 때, 아빠에게 뭔가 말했을 때, 선생님의 일을 도와드렸을 때

**2** 경솔하게 행동한 결과는 어땠어요?

_____

_____

**3** 그때 어떤 느낌이 들었어요?

_____

_____

✉ **열심히 글을 쓴 친구에게**

말은 순간적으로 튀어나오기 때문에 경솔해지기 쉽지요. 하지만 글은 달라요. 쓰다가 잘못 쓰면 지우고 몇 번이든 고칠 수 있거든요. 이게 바로 글쓰기의 매력이에요.

# 검소하다

함부로 낭비하지 않고 꾸밈없이 수수한 것을 말해요.

- 우리 할아버지는 부자인데도 **검소하셔**.
- **검소한** 사람은 왠지 본받고 싶어.

**1 변신 단어**
알아 두가

검소하게

검소하다

검소하지만

검소한

검소해서

**2 알맞은 단어**
고르기

둘 중 더 자연스러운 단어에 ○표를 하세요.

❶ 부자일수록 오히려 [ 검소하게   검소했으나 ] 생활하는 사람이 많다.

❷ 엄마는 자신에게는 [ 검소하지만 / 검소해서 ] 다른 사람에게는
많이 베푸신다.

❸ 단정하고 [ 검소할 / 검소한 ] 옷차림이 더 아름답다고 생각한다.

❹ 우리 아빠는 너무 [ 검소할 / 검소해서 ] 구두쇠 소리를 들으신다.

어휘력
쏙쏙

'검소하다'와 비슷한 말로 '소박하다', '절약하다' 등이 있어요. '절약하다'는 낭비하지 않고 꼭 필요한
것에만 쓰는 것을 말해요.

▶ 우리 집 식탁은 소박하지만 깔끔해.
▶ 나는 용돈을 절약해서 부모님께 드릴 선물을 샀어.

나는 평소에 **검소한** 편이다. 할머니는 늘 내게 **검소해야** 한다고 가르치셨다. 그래서 옷이나 가방도 몇 년째 쓰고 신발도 떨어질 때까지 신는다. **검소하게** 생활하니 환경에도 도움이 되는 것 같아 뿌듯하다.

영뚱이 이야기(14세)

**4** 오늘의 단어를 활용한 **글쓰기**

1  여러분은 검소한 편인가요? 왜 그렇게 생각해요?

_____

_____

💡 용돈을 아껴 쓰기 때문에 검소한 편이다, 용돈이 금방 떨어지니 낭비하는 편이다

2  어떤 상황에서 검소한지, 어떤 상황에서 낭비하는지 써 봐요.

_____

_____

3  검소하게 생활하는 것을 어떻게 생각해요?

_____

_____

🌸 ≋ 🍀 🍃 ⋯ 🌼 ⸜ 🌷　🌱 ⁘ ◎

✉ **열심히 글을 쓴 친구에게**

글쓰기도 검소하게 해 보면 어떨까요? 단어를 낭비하지 않고, 딱 필요한 단어만 사용해서 내가 하고 싶은 말을 간결하게 전달하는 거예요. 여러분이 쓴 글에 필요하지 않은 단어나 표현이 없는지 살펴보세요.

# 무례하다

태도나 말에 예의가 없는 것을 말해요.

- 어른이 말씀하실 때 말대꾸하는 것은 **무례한** 행동이야.
- 네가 **무례하게** 굴었으니 사과하렴.

**1** 변신 단어
알아 두기

무례하고

무례하게

무례하다

무례하다

무례해도

**2** 알맞은 단어
고르기

둘 중 더 자연스러운 단어에 ○표를 하세요.

❶ 상대가 너무 [ 무례가 / 무례하고 ] 뻔뻔해서 화가 치밀었다.

❷ 네 이놈, 죄를 지어 잡혀 온 주제에 [ 무례할까 / 무례하다 ] !

❸ [ 무례하게 / 무례했지만 ] 굴지 말고 예의를 지켜야 한다.

❹ 아무리 [ 무례해도 / 무례하고 ] 친구라면 이해해야 하는 걸까?

 어휘력
쑥쑥

'무례하다'와 비슷한 말로 '버릇없다'가 있어요. '버릇없다'는 대개 나이 어린 사람이 윗사람이나 다른
사람에게 예의 없이 말하거나 행동할 때 쓰여요. 반대말은 '예의 바르다'랍니다.

▶ 민성이가 버릇없게 굴어서 선생님이 화나셨어.

▶ 엄마는 늘 사람들을 예의 바르게 대하라고 하셨어.

## 3 친구가 쓴 글 읽어 보기

우리 반에서 어떤 아이가 나더러 느림보라고 놀려 댔다.

처음에는 그냥 넘어갔지만 계속 그러니 화가 났다. 참다못해

"그런 말은 불편하니까 그만해."라고 말했다. 하지만 계속

**무례하게** 굴어서 그 뒤로는 가까이하지 않는다.

다른 친구에게도 그럴까 봐 걱정된다.

엉뚱이 이야기

## 4 오늘의 단어를 활용한 글쓰기

**1** 누군가가 여러분에게 무례하게 군 경험이 있다면 써 봐요.

💡 어리다고 무시했다, 줄 서 있는데 내 앞에서 새치기했다, 빨리 가라고 떠밀었다

**2** 그때 어떤 마음이었어요? 또는 어떤 생각을 했나요?

**3** 어떻게 대처했는지 써 봐요.

---

**열심히 글을 쓴 친구에게** ✉️

글을 쓸 때는 솔직해야 하지만, 글에 누군가의 비밀이나 험담을 쓰는 것은 그 사람에게 무례한 일이에요. 다른 사람에게 상처 주지 않는 글쓰기를 해야 해요.

# 냉정하다

태도가 다정하지 않고 차가운 것을 말해요. 생각이나 행동이 감정에 따라 움직이지 않고 침착한 것을 말하기도 해요.

- 지민이는 나에게만 **냉정하게** 굴어.
- 복잡한 일일수록 **냉정한** 판단이 필요해.

## 1 변신 단어 알아 두기

냉정하고

냉정한

냉정하다

냉정하게

냉정해

## 2 알맞은 단어 고르기

둘 중 더 자연스러운 단어에 ○표를 하세요.

❶ 고모는  냉정하고  냉정하기  침착한 성격이다.

❷ 보이스피싱 전화는  냉정하고 / 냉정하게  끊어 버려야 한다.

❸ 나는  냉정한 / 냉정할  목소리로 또박또박 말했다.

❹ 겉으로는  냉정하면 / 냉정해  보였는데 알고 보니 아니었다.

어휘력 쑥쑥

'냉정하다'와 비슷한 말로 '냉담하다'가 있어요. 차가운 태도를 뜻하는 말이지요. 반대말로는 '따뜻하다'가 있어요. 사람의 태도에도 '따뜻하다'는 표현을 사용할 수 있답니다.

▶ 사과했는데도 친구가 여전히 냉담하게 굴어서 나도 마음이 상했어.
▶ 우리 집에 찾아온 손님을 따뜻하게 맞이해야 해.

우리 집 강아지는 정말 잘 삐친다. 내가 간식으로 장난을 좀 치긴

하지만 삐치는 정도가 심하다. 오늘은 머리를 쓰다듬어 주려고

했는데 **냉정하게** 휙 가 버렸다. 그러고는 엄마한테 가서

애교를 부려 괜히 섭섭했다. 우리 집 강아지와

친해지려면 장난은 이제 그만해야겠다.

영뚱이 이야기

**4** 오늘의 단어를 활용한 글쓰기

1 다른 사람이 나에게 냉정하다고 느꼈던 경험이 있나요?

_____

_____

💡 친구가 나를 모르는 체했을 때, 나한테 화냈을 때, 내 부탁을 거절했을 때

2 어떤 상황이었는지 더 자세히 설명해 봐요.

_____

_____

3 어떻게 대처했는지, 앞으로 어떻게 하면 좋을까요?

_____

_____

**열심히 글을 쓴 친구에게** ✉

다른 사람을 설득하는 글을 쓸 때는 감정에 치우치지 않고 냉정한 태도로 써야 해요. 글을 객관적이고 냉정하게 써야 다른
사람을 설득할 수 있답니다.

오늘의 단어

## 25

# 절박하다

어떤 일이나 때가 가까이 닥쳐서 매우 급한 것을 뜻해요.

- 뉴스를 보면 저출산으로 인구 사정이 **절박해진** 것이 느껴져.
- 정말 **절박할** 때 사람은 열심히 하게 마련이야.

---

**1 변신 단어**
알아 두기

절박하고

절박하게

**절박하다**

절박하지만

절박한

---

**2 알맞은 단어**
고르기

둘 중 더 자연스러운 단어에 ○표를 하세요.

❶ 나는   절박하고   절박하게   다급하게 도움을 청했다.

❷ 사정은  │ 절박하니 / 절박하지만 │  도둑질한 것은 잘못이다.

❸ 비가 끊임없이 쏟아지자 상황은 점점  │ 절박하고 / 절박하게 │
변했다.

❹ 가난한 나라에서는 식량 부족이  │ 절박한 / 절박하지만 │  문제이다.

---

어휘력
쏙쏙

'절박하다'와 비슷한 말로 '다급하다'가 있어요. 일이 바싹 닥쳐서 매우 급한 것을 말해요.

▶ 들개가 갑자기 뒤를 쫓아와서 다급하게 숨을 곳을 찾았어.

▶ 다급한 마음에 아무거나 집어 들었어.

64

**3** **친구가 쓴 글 읽어 보기**

가족 여행을 떠나 고속도로를 달리고 있었다. 그런데 갑자기

오줌이 마려웠다. 금방이라도 오줌을 쌀 것같이 **절박한**

상황인데, 저 앞에 졸음쉼터가 나타났고 그토록 찾던

화장실이 보였다. 앞으로 오랫동안 차를 탈 때는 미리

화장실에 다녀와야겠다.

엉뚱이 이야기

**4** **오늘의 단어를 활용한 글쓰기**

**1** 지금까지 살면서 가장 절박했던 때는 언제였어요?

_____

_____

💡 시험 시간이 다 끝나가는데 문제를 다 못 풀었을 때

**2** 그때 어떻게 했는지 써 봐요.

_____

_____

**3** 절박한 상황을 해결한 뒤 어떤 생각 또는 느낌이 들었어요?

_____

_____

**열심히 글을 쓴 친구에게** ✉

- - - - - - - - - - - - - - - - - - - - - - - - - - - - - - - - - - - -

다음 날 글쓰기 숙제를 반드시 내야 하는데 뭘 써야 할지 떠오르지 않으면 절박한 마음이 들 수 있어요. 그럴 때는 부모님과
의논해서 글감을 찾아보세요.

# 오늘의 단어

## 26

# 강인하다

**무척 억세고 질길 정도로 강한 것을 말해요.**

- 나는 **강인한** 체력을 키우려고 날마다 한 시간씩 달리기를 해.
- 우리 형은 겉으로는 **강인해** 보이지만 마음이 약해.

## 1 변신 단어 알아 두기

강인하고

강인한

**강인하다**

강인하니

강인해서

## 2 알맞은 단어 고르기

둘 중 더 자연스러운 단어에 ○표를 하세요.

❶ 감인하고 ／ 감인하게 끈기 있게 노력하여 결국 성공했다.

❷ 나는 감인하니 / 감인하지만 이 일을 끝까지 해낼 것이다.

❸ 월드컵에서 우리나라 축구 선수들은 감인한 / 감인하니 정신력을 뽐냈다.

❹ 민들레는 감인해서 / 감인하고자 아무리 짓밟혀도 다시 피어난다.

 어휘력 쏙쏙

'강인하다'와 비슷한 말로 '굳세다'가 있어요. 반대말은 '약하다'예요.

▶ 한국 전쟁 때 우리나라 사람들은 힘들어도 굳세게 버티었대.

▶ 난 몸이 너무 약해서 자주 아파.

**3** 친구가 쓴 글
읽어 보기

우리 집에는 식물이 많다. 온 가족이 정성껏 물을 주며 키운다.

모두 잘 자라는데 그중에서도 선인장은 특히 **강인하다.**

햇빛이나 물이 좀 부족해도 잘 자란다. 엄마는 나에게

선인장처럼 **강인한** 사람이 되라고 하셨다.

**4** 오늘의 단어를
활용한 글쓰기

**1** 주위에서 강인한 모습을 본 경험이 있다면 써 봐요.

_____

_____

💡 식물, 우리 부모님, 내 친구, 육상 선수, 경찰관, 소방관

**2** 왜 강인하다고 생각했어요?

_____

_____

**3** 강인한 것은 좋은 것일까요? 여러분의 생각은 어때요?

_____

_____

열심히 글을 쓴 친구에게 ✉

자신의 마음을 강인하게 만드는 방법은 자신의 약한 마음을 글로 표현해 보는 거예요. 그러면 그 마음을 똑바로 바라보게
되고 곧이어 용기가 생겨요.

# 거뜬하다

뭔가를 무척 쉽고 간편하게 하는 것을 말해요. 마음이 후련하고 상쾌하다는
뜻도 있어요.

- 나는 짜장면 한 그릇쯤은 **거뜬하게** 먹어 치워.
- 모든 문제를 해결하고 자리에 앉으니, 그제야 머리가 **거뜬하다**.

## 1 변신 단어 알아 두기

거뜬하고

거뜬한

거뜬하다

거뜬하게

거뜬할

## 2 알맞은 단어 고르기

둘 중 더 자연스러운 단어에 ○표를 하세요.

❶ 푹 자고 일어나니 머리가   거뜬하게   거뜬하고   맑아졌다.

❷ 이 정도 숙제는 오늘 안에   거뜬하게 / 거뜬하고   다 마칠 수 있다.

❸ 혼자서도   거뜬한 / 거뜬하니   일이지만 다른 사람과 같이 하면
더 쉽다.

❹ 감기에 걸려도 주사 한 대만 맞으면   거뜬한 / 거뜬할   것이다.

어휘력
쑥쑥

'거뜬하다'와 비슷한 말로 '만만하다', '손쉽다'가 있어요. 둘 다 어떤 것을 어렵지 않고 쉽게 다루거나
해내는 것을 말해요.

▶ 내 동생은 내가 만만한지 자꾸 못살게 굴어.

▶ 엄마는 대청소 때 나에게 손쉬운 일을 주로 시키셨어.

아빠와 나는 주말마다 도서관에 간다. 커다란 가방을

가져가서 좋아하는 책을 잔뜩 빌려온다. 아빠는 한 번에

열 권 정도 들고, 나도 다섯 권 정도는 **거뜬히** 든다.

나도 아빠처럼 많이 들 수 있게 얼른 크고 싶다.

엉뚱이 이야기

**4** 오늘의 단어를
활용한 **글쓰기**

**1** 여러분이 거뜬히 해낼 수 있는 일을 써 봐요.

_____

_____

💡 수학 문제집 세 장 풀기, 현관의 신발 정리하기, 매운 마라탕 먹기, 아빠와 팔씨름하기

**2** 그 일을 하고 나면 기분이 어때요?

_____

_____

**3** 앞으로 거뜬하게 해내고 싶은 일은 뭐예요?

_____

_____

**열심히 글을 쓴 친구에게** ✉

글을 세 줄 쓸 수 있으면 열 줄도 거뜬하게 쓸 수 있어요. 대신 자주 써야 해요. 몸에 체력이 필요한 것처럼 글쓰기에도
체력이 필요하니까요. 열심히 글을 쓰는 여러분을 응원합니다!

# 영민하다

## 28

**매우 똑똑하고 영리하며 민첩한 것을 뜻해요.**

- 내 동생은 어렸을 때부터 **영민해서** 뭐든 한 번 보면 잊지 않아.
- **영민한** 사람은 모든 일을 다 잘할까?

**1 변신 단어 알아 두기**

영민하고

영민하게

**영민하다**

영민하니

영민한

**2 알맞은 단어 고르기**   둘 중 더 자연스러운 단어에 ○표를 하세요.

① 영민하고   영민하면   재치 있는 형은 항상 인기가 많다.

② 민섭이는   영민하니 / 영민해도   이번 시험도 잘 볼 것이다.

③ 정수는 어려운 상황에서도   영민하니 / 영민하게   해결책을 찾아 냈다.

④ 나는   영민할 / 영민한   머리 덕분에 어려운 문제도 척척 푼다.

어휘력 쏙쏙

'영민하다'와 비슷한 말로 '똑똑하다'가 있어요. 아는 것이 많거나 똑똑한 것을 뜻해요. 반대 뜻으로는 '둔하다'가 있어요. 똑똑하지 못하고 어리숙한 것을 말해요.

▶ 우리 이모는 정말 똑똑해서 뭐든 다 알아.
▶ 어려운 상황에 부딪혔을 때 아무것도 못 하는 내가 어리석고 둔해 보여.

우리 삼촌은 우주선을 만드는 과학자이다. 엄마는 삼촌이 어릴

때부터 **영민하기로** 유명했다고 말씀하셨다. 나도 삼촌처럼

똑똑해져서 로봇을 만드는 과학자가 되고 싶다.

성뚱이 이야기

4 오늘의 단어를
활용한 글쓰기

1 누군가를 보고 영민하다고 느낀 적이 있어요?

💡 텔레비전에 나온 영재, 내 친구, 우리 부모님, 선생님, 형, 언니

2 그 사람의 어떤 점을 영민하게 느꼈는지 써 봐요.

3 여러분도 앞으로 영민하게 해내고 싶은 일이 있나요?

열심히 글을 쓴 친구에게 ✉ - - - - - - - - - - - - - - - - - - - - - - - - - - - - - -

글쓰기를 하는 데 필요한 것은 영민함보다는 솔직함이에요. 그래야 자신의 이야기를 잘 담아낼 수 있거든요.

# 공정하다

**29**

**공평하고 올바른 것을 말해요.**

- 축구 경기를 보는데, 아빠가 심판이 **공정하지** 못하다고 하셨어.
- 평가할 때는 **공정하게** 해야 해.

## 1 변신 단어 알아 두기

공정하고

공정한

**공정하다**

공정하면

공정해서

## 2 알맞은 단어 고르기

둘 중 더 자연스러운 단어에 ○표를 하세요.

❶ 선생님은 항상   공정하지만   공정하고   친절하게 우리를 대하신다.

❷ 모든 어른이   공정한 / 공정하면   불만 있는 어린이가 없을 것이다.

❸ 엄마는   공정한 / 공정하고   세상이 좋은 세상이라고 말씀하셨다.

❹ 부모님이 우리 형제에게   공정하면 / 공정해서   참 좋다.

**어휘력 쏙쏙**

'공정하다'와 비슷한 말은 '공평하다'예요. 한쪽으로 치우치지 않고 고른 것을 뜻해요.

▶ 누구든 공부할 수 있도록 공평하게 기회를 주어야 해.

▶ 법원에서 공평한 판결을 내릴 거야.

**3** **친구가 쓴 글** 읽어 보기

지하철을 타러 갔다. 마침 휠체어를 탄 사람이 엘리베이터를

타고 있었다. 그 모습을 보니 계단으로 이동하기 어려운

사람도 **공정하게** 지하철을 탈 수 있어서 참

다행이란 생각이 들었다.

**4** **오늘의 단어를** **활용한 글쓰기**

1 공정하지 않다고 느꼈던 경험이 있다면 써 봐요.

💡 부모님이 동생에게 무조건 양보하라고 하실 때, 사람들이 공부 잘하는 아이 말을 더 믿을 때

2 어떤 점이 공정하지 않다고 느꼈어요?

3 공정하지 않은 사람에게 하고 싶은 말이 있다면요?

**열심히 글을 쓴 친구에게** ✉️

공정하지 않은 생각을 가지고 있으면 그런 생각이 자기도 모르게 글에 나타난답니다. 그러니 글을 쓰기 전에는 먼저 마음부터 가다듬어야 해요.

# 드물다

**30**

어떤 일이 자주 일어나지 않는 것을 말해요. 어떤 것의 간격이 좀 떨어져 있는 것을 말하기도 하지요.

- 내가 스스로 숙제하는 일은 **드문** 편이야.
- 딸기 농장에 갔는데 가지에 딸기가 **드물게** 나 있었어.

## 1 변신 단어 알아 두기

드물어서

드물지만

**드물다**

드물게

드문

## 2 알맞은 단어 고르기

둘 중 더 자연스러운 단어에 ○표를 하세요.

① 이 꽃은 보기  드물게  드물어서  왠지 특별하게 느껴진다.

② 무지개는 보기  드문 / 드물지만  볼 때마다 아름답다.

③ 오래된 산삼은 매우  드물게 / 드물고  발견된다.

④ 우리 학교에는 이렇게 큰 나무가  드물고 / 드문  편이다.

어휘력 쑥쑥

'드물다'와 비슷한 말로 '희박하다'가 있어요. '희박하다'는 어떤 일이 일어날 가능성이나 확률이 매우 낮은 것을 뜻해요. 반대로 매우 쉽게 접할 수 있는 것은 '흔하다'라고 하지요.

▶ 아빠가 게임기를 사 주실 가능성은 희박해.
▶ 친구들끼리 말다툼하는 건 무척 흔한 일이야.

## 3 친구가 쓴 글 읽어 보기

아빠가 퇴근하면서 치킨을 사 오셨다. 오늘 저녁에 다 같이 축구 경기를 보면서 먹으려고 사 오신 것 같다. 우리 집에서는 밤에 치킨을 먹는 일이 **드물기** 때문에 정말 신났다. 맛있는 치킨을 먹었더니 축구 경기가 더 재밌게 느껴졌다.

엉뚱이 이야기

## 4 오늘의 단어를 활용한 글쓰기

**1** 여러분이 드물게 경험하는 일에는 무엇이 있어요?

💡 해외 여행하기, 야식 먹기, 파자마 파티 하기, 세배하기, 무지개 보기, 워터파크에 놀러 가기

**2** 그 일은 왜 드물게 일어날까요?

**3** 그 일이 앞으로는 어떻게 되었으면 좋겠어요?

### 열심히 글을 쓴 친구에게 ✉

만약 여러분 주위에서 정말로 드문 일이 벌어졌다면, 그날은 꼭 일기를 써 보세요. 흔하지 않은 일이라면 무척 특별한 일일 테니까요!

**1** 앞에서 배운 단어와 뜻을 알맞게 선으로 이으세요.

공교롭다 • • 겁이 없고 씩씩하며
배짱이 두둑하다.

담대하다 • • 어떤 분위기 또는 사람의 말 등이
무겁고 조용하며 진지하다.

능숙하다 • • 뜻하지 않게 어떤 사실이나 사건과
우연히 마주치게 되는 것이
신기하고 이상하다.

엄숙하다 • • 무척 익숙하게 잘한다.

의아하다 • • 말이나 행동이
조심성 없이 가볍다.

경솔하다 • • 뭔가 의심스럽고 이상하다.

검소하다 • • 함부로 낭비하지 않고
꾸밈없이 수수하다.

**2** <보기>에서 알맞은 단어를 찾아 [    ] 안에 쓰세요.

<보기>

| 거뜬하게 | 무례한 | 냉정해지면 | 영민해서 |
|---------|--------|-----------|---------|
| 강인한 | 절박하게 | 드물게 | 공정하지 |

❶ 우리 엄마가 갑자기 [            ] 화가 났다는 뜻이다.

❷ 어른에게 말대꾸하는 것은 [            ] 행동이다.

❸ 내 양말을 빠는 일 정도는 [            ] 해 치울 수 있다.

❹ 운동 경기를 볼 때 심판이 [            ] 않으면 화가 난다.

❺ 골목길에서 고양이가 목마른지 [            ] 물을 찾아 헤매는 모습을 보았다.

❻ 땡볕 더위에도 연습하는 축구 선수들을 보면 참 [            ] 것 같다.

❼ 오래된 산삼은 매우 [            ] 발견된다.

❽ 내 동생은 정말 [            ] 부러울 때가 있다.

라온오쌤의 쪽지

## 안녕, 친구들!

우리 눈에 보이는 것에는 모두 이름이 있어요. 밥을 먹을 때 앉는 '의자', 식사를 맛있게 차려 주신 '엄마', 친하게 잘 지내는 '친구'처럼 말이에요. 또 눈에 보이지는 않지만 우리가 어떤 것을 표현할 때 꼭 필요한 말도 있어요. 이를테면 내일 다음다음 날은 글피라고 부르고, 매우 큰 어려움은 곤경이라고 해요. 남보다 잘하거나 더 뛰어난 점은 강점이라고 하지요. 이런 단어들을 사용하면 길게 설명하지 않아도 명확하게 의미를 전달할 수 있어요. 하나씩 배우면서 나에게 익숙한 단어로 만들어 봐요.

# 세상 모든 것의 이름을 나타내는 말

| | | | | |
|---|---|---|---|---|
| ㉛ 삶 | ㉜ 식성 | ㉝ 맞은편 | ㉞ 이듬해 | ㉟ 글피 |
| ㊱ 열대야 | ㊲ 갈등 | ㊳ 또래 | ㊴ 곤경 | ㊵ 강점 |

**오늘의 단어**

**31**

# 삶

사는 일, 살아 있는 것, 목숨이나 생명을 뜻하는 말이에요.

- **삶을** 살다 보면 추억이 많이 쌓이는 것 같아.
- 모든 사람의 **삶**은 귀하고 소중해.

**1 변신 단어 알아 두기**

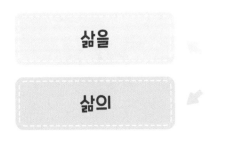

삶을

삶의

삶

삶에

삶이었다고

**2 알맞은 단어 고르기**

둘 중 더 자연스러운 단어에 ○표를 하세요.

❶ 우리는 더 나은   삶을   삶이   살기 위해 노력할 필요가 있다.

❷ 지나친 게임은 우리   삶에 / 삶의   나쁜 영향을 끼친다.

❸ 다른 사람과 잘 지내면   삶에 / 삶의   질이 좋아진다.

❹ 할머니는 그래도 좋은   삶이지만 / 삶이었다고   말씀하시며
   웃으셨다.

**어휘력 쑥쑥**

삶과 비슷한 말로 '인생', '세상살이'라는 표현도 있어요.

▶ 인생을 행복하게 사는 방법이 있을까?

▶ 세상살이가 꼭 힘든 것만은 아니야.

학교가 끝난 뒤 학원에 갔다 왔더니 지쳤다. 월요일부터

금요일까지 계속 이렇다. 이게 정말 초등학생의 **삶이** 맞을까?

어른들도 모두 어릴 때 이렇게 지냈을까? 내가

좋아하는 떡볶이를 먹으면 기분이 좀 나아질까?

엉뚱이 이야기

1 여러분의 삶은 행복한가요?

_____

_____

💡 행복하다, 행복하지 않다, 잘 모르겠다

2 그렇게 느끼는 이유가 뭐예요?

_____

_____

💡 엄마와 아빠가 있어서, 학원에 가기 싫어서, 좋은 날도 있고 나쁜 날도 있어서

3 앞으로 어떤 삶을 살고 싶어요?

_____

_____

💡 뭐든 스스로 하는 삶, 웃으며 사는 삶, 하고 싶은 것을 하는 삶, 즐거운 삶

**열심히 글을 쓴 친구에게** ✉

삶의 기쁨과 슬픔을 잘 표현하는 방법이 있어요. 바로 글쓰기예요. 글에 여러분의 생활과 마음을 담으면 삶을 더 사랑하게
돼요.

# 식성

## 32

어떤 음식을 좋아하거나 싫어하는 성질을 말해요.

- 나는 **식성**만 좋아서 큰일이야.
- 나는 **식성**이 좋은데 살은 안 쪄서 좋아.

**1 변신 단어**
알아 두기

식성이    식성

식성을

식성에

식성대로

**2 알맞은 단어**
고르기

둘 중 더 자연스러운 단어에 ○표를 하세요.

① 우리 아빠와 나는 　식성이　식성을　 비슷하다.

② 처음 만난 친구의 　식성도 / 식성을　 몰라 물어보았다.

③ 　식성에 / 식성도　 맞게 식빵에 잼을 발라 먹었다.

④ 여행 가서 　식성만　식성대로　 마음껏 먹었다가 배탈이 났다.

어휘력
쏙쏙

식성과 비슷한 말로 '먹성', '입맛'이 있어요. '먹성'은 음식을 좋아하거나 싫어하는 성질 또는 음식을 먹는 분량을 뜻해요. '입맛'은 음식을 먹을 때 입에서 느끼는 맛에 대한 감각을 말해요.

▶ 내 동생은 먹성이 좋아서 밥을 두 그릇씩 먹어.
▶ 날씨가 너무 더우니까 입맛이 없어서 물만 마셨어.

**3** 친구가 쓴 글 읽어 보기

형은 식성이 아주 까다롭다. 조금만 맵거나 짜면 음식에 손도 안 댄다. 난 아무거나 잘 먹는데……. 형제인데 이렇게 식성이 다르다니 참 신기하다.

엉뚱이 이야기

**4** 오늘의 단어를 활용한 글쓰기

**1** 잘 먹는 음식, 먹는 정도 등 여러분의 식성은 어때요?

_____

_____

💡 면을 좋아한다, 빵을 잘 먹는다, 오이를 싫어한다, 많이 먹는다, 조금 먹는다

**2** 식성대로 맛있게 먹었던 경험을 떠올려 써 봐요.

_____

_____

💡 외식, 급식, 저녁 식사, 치킨, 불고기, 채소 샐러드

**3** 음식의 맛이나 먹을 때 기분 등이 어땠어요?

_____

_____

💡 맛있었다, 내 입맛에 딱 맞았다, 만족스러웠다, 배불렀다, 행복했다

✿ ≈ ❀ 🍃 ··· 🌸 ⸜ 🌷 🌱 ⠐ ⟲

**지도하는 학부모님께** ✉ - - - - - - - - - - - - - - - - - - - - - - - - - - - - - - - - - - - -

사람마다 식성이 다르듯 글을 쓰는 스타일도 달라요. 아이가 자신만의 스타일을 찾도록 도우려면 처음부터 글을 너무 많이 다듬지 말아 주세요!

# 맞은편

마주 보았을 때 보이는 곳을 뜻해요.

- 맞은편에 앉은 친구가 자꾸만 다리를 떨었어.
- 우리 집 맞은편이 놀이공원이면 얼마나 좋을까?

**1 변신 단어 알아 두기**

맞은편이다

맞은편을

맞은편

맞은편은

맞은편에서

**2 알맞은 단어 고르기**

둘 중 더 자연스러운 단어에 ○표를 하세요.

❶ 파출소는 우리 집   맞은편이니   맞은편이다  .

❷ 우리 아파트   맞은편에서 / 맞은편은   분식집이다.

❸ 고개를 들어   맞은편을 / 맞은편은   바라보니 친구의 모습이
보였다.

❹ 아빠가   맞은편에도   맞은편에서   손을 흔드셨다.

어휘력 쏙쏙

맞은편과 비슷한 말로 '건너편'이 있어요. 어떤 것을 사이에 두고 마주 보는 반대편을 말해요. 지금
건너편에 무엇이 있는지 보세요.

▶ 길 건너편의 정류장에 버스가 벌써 도착했어.

학원에서 돌아와 밥을 먹을 때면 엄마는 항상 내 **맞은편에**

앉아 계신다. 나는 엄마에게 학교나 학원에서 있었던 일을

미주알고주알 이야기한다. **맞은편에** 아무도 없이

혼자 밥을 먹는다면 너무 심심할 것 같다.

영뚱이 이야기

**4** 오늘의 단어를
활용한 글쓰기

**1** 밥을 먹을 때 여러분 맞은편에는 주로 누가 앉나요?

_____

_____

💡 엄마, 아빠, 강아지, 동생, 할머니, 언니, 형

**2** 밥을 먹으며 맞은편에 앉은 사람과 어떤 이야기를 해요?

_____

_____

💡 학교에서 있었던 일, 친구와 놀았던 일, 속상했던 일, 좋아하는 책, 밥 먹고 할 일

**3** 맞은편에 아무도 없이 혼자 밥을 먹으면 기분이 어떨까요?

_____

_____

💡 조용해서 좋다, 심심하다, 밥 먹는 데 집중할 수 있다, 스마트폰을 볼 수 있어서 좋다

**열심히 글을 쓴 친구에게** ✉

글을 어떻게 써야 할지 몰라서 어렵게 느껴진다면, 여러분의 맞은편에 앉은 사람에게 말한다고 생각하고 써 보세요. 글이
훨씬 잘 써질 거예요!

# 이듬해

**바로 다음의 해를 뜻해요.**

- 우리 할아버지는 해외에 가셨다가 **이듬해에** 돌아오셨어.
- **이듬해에는** 꼭 시험에 합격하고 말 테야!

## 1 변신 단어 알아 두기

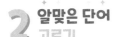

이듬해부터

이듬해

이듬해인

이듬해에도

이듬해에는

## 2 알맞은 단어 고르기

둘 중 더 자연스러운 단어에 ○표를 하세요.

❶ 내 친구는 병을 진단받고 그   이듬해가   이듬해부터   건강해졌다.

❷ 내가 태어난   이듬해의 / 이듬해인   2016년에 내 동생이 태어났다.

❸ 한국 전쟁이 일어나고   이듬해의 / 이듬해에도   전쟁은 끝나지 않았다.

❹ 열심히 공부해서   이듬해에는   이듬해조차   1등을 하고 싶다.

어휘력 쑥쑥

'이듬해'와 비슷한 말로, 올해의 바로 다음 해를 뜻하는 '내년'이 있어요. 반대말은 올해의 바로 앞의 해를 뜻하는 '작년'이에요.

▶ 이 나무가 내년에 얼마나 더 클지 기대돼.
▶ 작년에 놀러 갔던 강원도에 또 가고 싶어.

**3** 친구가 쓴 글
읽어 보기

우리 가족은 매년 12월 31일에 대청소를 한다. 그리고 온 가족이

모여서 맛있는 음식을 먹으며, 지난 1년간 어떻게 지냈는지

이야기를 나눈다. **이듬해를** 맞이하기 전날이니 새해

계획을 세우기도 한다.

영뚱이 이야기

**4** 오늘의 단어를
활용한 글쓰기

**1** 연말에 이듬해를 준비하며 무엇을 하면 좋을까요?

💡 새해 계획 세우기, 대청소하기, 소원 빌기, 여행 가기

**2** 그렇게 하면 좋은 이유는 뭐예요?

**3** 내년의 나 자신에게 하고 싶은 말을 써 봐요.

**열심히 글을 쓴 친구에게** ✉ - - - - - - - - - - - - - - - - - - - - - - - - - - - - - - - -

이듬해에 한 뼘 더 성장할 여러분의 모습을 상상하며 다시는 오지 않을 오늘의 모습, 오늘의 말, 오늘의 글을 기억하고
간직하세요.

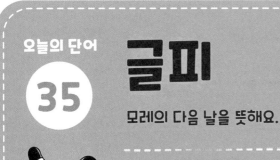

# 글피

**모레의 다음 날을 뜻해요.**

- 내일, 모레, **글피** 이렇게 3일 동안 여행을 갈 생각이야.
- 할머니가 **글피에** 오신다고 하셨어.

## 1 변신 단어 알아 두기

글피부터

글피에는

글피

글피는

글피까지는

## 2 알맞은 단어 고르기

둘 중 더 자연스러운 단어에 ○표를 하세요.

① 글피지만 / 글피부터 우리 반에 새로운 선생님이 오신다.

② 글피는 / 글피에 소풍 가는 날이라 너무 기대된다.

③ 혹시 모레 못 가면 글피에는 / 글피에도 갈 수 있을 것이다.

④ 오늘부터 글피까지는 / 글피에 매일 친구랑 만나서 신나게 놀기로 했다.

어휘력 쏙쏙

'글피'의 다음 날은 뭐라고 할까요? 바로 '그글피'랍니다. 내일, 모레, 글피, 그글피! 이렇게 순서대로 여러 번 말해 보세요. 곧 익숙해질 거예요.

▶ 그글피가 주말이라 벌써 기분이 좋아.
▶ 엄마가 그글피에 김장을 할 거라고 하셨어.

글피는 내 생일이다. 오늘로부터 3일 후가 바로 내가 태어난 날이란 말이다. 나는 그날을 엄청 기다리고 있다. 아빠가 그날 내가 좋아하는 인형을 사 준다고 하셨기 때문이다. 물론 엄마가 끓여 주시는 미역국도 기대된다. 생일이 빨리 오면 좋겠다.

**4** 오늘의 단어를 활용한 글쓰기

**1** 글피에 여러분은 무엇을 할 생각이에요?

_____

_____

💡 외식할 것이다, 학교에 갈 것이다, 태권도를 할 것이다, 책을 읽을 것이다

**2** 글피를 기다리는지, 아닌지 그 이유를 써 봐요.

_____

_____

**3** 글피에 어떤 일이 생기면 좋을까요?

_____

_____

**열심히 글을 쓴 친구에게** ✉ - - - - - - - - - - - - - - - - - - - - - - - - - -

내일, 모레, 글피, 그글피……. 시간은 날마다 흘러가요. 그런데 이렇게 흐르는 시간 속에서 보고 듣고 느끼는 것을 잘 잡아내는 사람이 있어요. 바로 글을 쓰는 사람이랍니다. 여러분은 흐르는 시간 속에서 매일 어떤 것을 잡아내고 있나요?

# 열대야

**36**

저녁 6시부터 다음 날 오전 9시까지, 방 밖의 온도가 25℃ 이상인 무더운 밤을 말해요.

- **열대야여도** 선풍기만 있다면 문제없어.
- 요즘 **열대야가** 계속 이어지니까 건강이 나빠지지 않게 조심해야 해.

## 1 변신 단어 알아 두기

열대야가

열대야를

열대야

열대야는

열대야에도

## 2 알맞은 단어 고르기

둘 중 더 자연스러운 단어에 ○표를 하세요.

❶ 이번 여름엔  열대야가  열대야를  너무너무 심했다.

❷ 너무 심한  열대야는 / 열대야만  사람들을 힘들게 한다.

❸  열대야를 / 열대야도  피해 시원한 강가로 향했다.

❹ 우리 집은 에어컨이 있어서  열대야에도  열대야가  편히 잠들 수 있다.

어휘력 쏙쏙

열대야와 비슷한 말로 '폭염'이 있어요. 열대야가 밤의 더위를 말하는 것이라면, 폭염은 낮밤을 통틀어 매우 심한 더위를 말해요.

▶ 예전보다 폭염이 심해지는 건 기후 변화 때문일까?

▶ 올여름은 긴 폭염으로 정말 힘들었어.

저녁에 외식하러 가족과 함께 밖에 나갔는데 정말 더웠다.

**열대야**라 그런지 저녁인데도 등에서 땀이 나고 숨이 막혔다.

우리 가족은 서둘러 시원한 식당을 찾아 들어갔다.

엉뚱이 이야기

**4** **오늘의 단어를** 활용한 **글쓰기**

1  어떤 상황에서 열대야를 느꼈는지 써 봐요.

_____

_____

💡 학원에 다녀오다가, 밤에도 더워서, 아빠와 산책하러 나갔다가

2  왜 그렇게 느낀 것 같아요?

_____

_____

3  그래서 어떻게 했어요?

_____

_____

**열심히 글을 쓴 친구에게** ✉ - - - - - - - - - - - - - - - - - - - - -

열대야처럼 뜨거운 마음으로 글을 쓰는 경험을 해 보세요. 글쓰기가 정말 재밌어진답니다!

# 갈등

의견이나 생각, 목표 등이 달라 서로 관계가 좋지 못하고 부딪히는 상태를 말해요.

- 이 책에 나오는 등장인물들은 모두 **갈등** 관계야.
- 가족끼리 **갈등이** 심하면 아무래도 힘들지.

**1 변신 단어 알아 두기**

| 갈등으로 | | 갈등만 |
|---|---|---|
| | 갈등 | |
| 갈등은 | | 갈등을 |

**2 알맞은 단어 고르기**  둘 중 더 자연스러운 단어에 ○표를 하세요.

❶ 이웃 간의  갈등을   갈등으로   우리 아파트는 분위기가 좋지 않다.

❷ 나만 옳다고 우기는 태도는  갈등도 / 갈등만  일으킬 뿐이다.

❸ 오빠와 나의  갈등과 / 갈등은  부모님을 속상하게 한다.

❹ 친구 사이에 심한  갈등을   갈등이  겪으면 학교생활이 어려워진다.

어휘력 쑥쑥

'갈등'과 비슷한 말로 '불화', '다툼'이 있어요. 서로 관계가 좋지 못하고 화목하지 못한 것, 서로 따지며 싸우는 것을 뜻해요.

▶ 가족 간에 불화가 있으면 불행할 것 같아.

▶ 반 친구들끼리 다툼이 생겨서 속상해.

오늘 《흥부와 놀부》 이야기를 읽었다. 흥부와 놀부는 **갈등이**

**심했다.** 흥부가 매번 놀부에게 밥을 달라고 했기 때문이다.

흥부는 일하지 않아 가난했다. 흥부처럼 가난해서

먹을 게 없을 정도라면 일해야 하는 게 아닐까?

*엉뚱이 이야기*

**4** 오늘의 단어를
활용한 **글쓰기**

**1** 누군가와 갈등을 겪은 경험이 있다면 써 봐요.

_____

_____

💡 엄마, 아빠, 친구, 형제, 자매, 선생님

**2** 무엇 때문에 갈등을 겪었어요?

_____

_____

**3** 갈등을 해결하려면 어떻게 해야 할까요?

_____

_____

**열심히 글을 쓴 친구에게** ✉ - - - - - - - - - - - - - - - - - - - - - - - - - - - - - -

책에는 다양한 인물들 간의 갈등이 담겨 있어요. 각 인물은 저마다 갈등을 풀어 나가지요. 그래서 책을 많이 읽으면 다른
사람과 갈등을 겪을 때 어떻게 해야 할지 배울 수 있어요. 그 배움을 글로 쓰면 독후감이 된답니다.

# 또래

나이나 수준이 서로 비슷한 이들을 뜻하는 말이에요.

- 캠핑장에서 내 **또래**를 만나 재밌게 놀았어.
- 나는 **또래**보다 키가 큰 편이라 늘 교실 뒷자리에 앉아.

## 1 변신 단어 알아 두기

또래가

또래처럼

또래

또래인데도

또래끼리

## 2 알맞은 단어 고르기

둘 중 더 자연스러운 단어에 ○표를 하세요.

❶ 우리 교회에는 내   또래가   또래는   없어서 심심하다.

❷ 내 동생과 나이 차이가 많이 나는데도 때로는   또래는 / 또래처럼   느껴진다.

❸ 그 아이들은   또래이면 / 또래인데도   같이 놀지 않는다.

❹   또래끼리 / 또래에게   어울려 놀아야 재밌다.

어휘력 쏙쏙

또래와 비슷한 말로 '동갑'이 있어요. 또래가 위아래로 한두 살 차이가 나는 것도 포함한다면, 동갑은 같은 나이를 말해요.

▶ 나와 동생은 쌍둥이라 동갑이야.
▶ 내 사촌 동생은 나랑 동갑도 아닌데 늘 맞먹으려 들어.

**친구가 쓴 글**
**읽어 보기**

> 같은 반인 정하와 옆 반인 시준이는 내 가장 친한 친구이다.
>
> 우리는 모이면 노느라고 시간 가는 줄 모른다. 형이나 누나,
>
> 동생이랑 노는 것보다 같은 **또래끼리** 노는 게 훨씬
>
> 재미있다.

**4** **오늘의 단어를**
**활용한 글쓰기**

**1** 또래 중 친한 친구는 누구예요?

_____

_____

💡 학교 친구, 학원 친구, 같은 반 친구, 유치원 때 친구

**2** 그 친구와 만나면 어디에서, 무엇을 하고 놀아요?

_____

_____

**3** 또래가 없다면 어떨 것 같아요? 또래가 있어서 좋은 점은요?

_____

_____

**열심히 글을 쓴 친구에게** ✉ - - - - - - - - - - - - - - - - - - - - - - - - - - - - - -

또래와 함께 이야기를 나누면 이야기 샘이 퐁퐁 솟아서 글이 더 잘 써질 거예요!

오늘의 단어

**39**

# 곤경

어려운 형편이나 처지를 말해요.

- 여행을 가는데 도중에 아빠 차가 고장 나서 **곤경에** 처했어.
- 누군가 도와주면 **곤경에서** 벗어날 수 있어.

**1** 변신 단어 알아 두기

곤경이

곤경을

곤경

곤경에

곤경에서

**2** 알맞은 단어 고르기    둘 중 더 자연스러운 단어에 ○표를 하세요.

❶ 살다가  곤경이  곤경을  닥치면 주위에 도움을 청할 수도 있다.

❷ 나는 씩씩하게  곤경에 / 곤경을  헤쳐 나갔다.

❸ 지갑을 잃어버려  곤경에 / 곤경을  처한 사람을 보면 도와야 한다.

❹ 우리는  곤경에서  곤경이  벗어나기 위해 최선을 다해야 한다.

어휘력
쏙쏙

'곤경'과 비슷한 말로 '곤란', '역경'이 있어요. '곤란'은 사정이 매우 딱하고 힘든 상황을 말해요.
'역경'은 일이 원활하게 되지 않아서 매우 어려운 처지나 환경을 뜻해요.

▶ 유학을 가서 가장 곤란을 느낀 것은 언어였어.
▶ 위인들의 일생을 보면 모두 역경을 이겨 내고 큰일을 해냈어.

**3** 친구가 쓴 글 읽어 보기

> 친구가 다리를 절뚝거리며 학교 계단을 올라가고 있었다.
>
> 힘들어 보여서 친구의 가방을 들어 주었다. 친구가 고맙다고
>
> 인사했다. **곤경에** 처한 사람을 돕는 일은 참
>
> 뿌듯한 것 같다.

엉뚱이 이야기

**4** 오늘의 단어를 활용한 글쓰기

**1** 곤경에 처한 경험을 써 봐요.

_____

_____

💡 준비물을 깜빡했을 때, 갑자기 배가 아팠을 때, 숙제를 못 했을 때, 돈을 잃어버렸을 때

**2** 곤경에서 벗어나기 위해 어떻게 했어요?

_____

_____

**3** 그 결과는 어땠나요?

_____

_____

열심히 글을 쓴 친구에게 ✉

살다 보면 곤경에 처할 때가 있어요. 그런 상황을 글로 써 보세요. 마음이 조금 가라앉으면서 곤경을 이겨 낼 힘이 생길 거예요.

# 강점

**40**

### 남보다 잘하거나 더 뛰어난 점을 말해요.

- 이순신 장군의 **강점은** 전술을 짜는 능력이 뛰어났다는 거야.
- 달리기가 내 **강점이라서** 달리기 1등은 늘 내 차지!

## 1 변신 단어 알아 두기

강점이

강점보다

**강점**

강점이다

강점을

## 2 알맞은 단어 고르기

둘 중 더 자연스러운 단어에 ○표를 하세요.

❶ 아직 발견하지 못했을 뿐   강점이   강점을   없는 사람은 없다.

❷ 우리 언니는 무슨 일이든 빠르게 해내는 것이   강점만 / 강점이다 .

❸   강점보다 / 강점이니까   중요한 것은 겸손한 태도이다.

❹ 축구처럼 여럿이 하는 경기에서는 각자   강점은   강점을   잘
살려야 한다.

 **어휘력 쏙쏙**

'강점'의 비슷한 말은 '장점'이에요. 잘하는 점 또는 훌륭한 점이지요. 강점과 반대로 남보다 부족한
점은 '약점'이라고 해요.

▶ 비행기의 장점은 속도가 매우 빠르다는 거야.

▶ 비행기의 약점은 사고가 나면 대부분 죽는다는 거지.

**3** **친구가 쓴 글 읽어 보기**

선생님이 환경 보호 포스터 그리기를 모둠 숙제로 내주셨다. 모둠 아이들은 각자 **강점**을 살려 역할을 나누기로 했다. 나는 스케치를 잘하는 것이 **강점이라** 밑그림을 그리는 일을 맡았다. 다 같이 힘을 합치니 멋진 포스터가 완성되었다. 힘을 모으는 일은 참 중요한 것 같다.

응뚱이 이야기

**4** **오늘의 단어를 활용한 글쓰기**

1  여러분의 강점을 써 봐요.

_____

_____

💡 달리기, 순발력, 재치, 노래, 춤, 인내심, 집중력

2  그 강점을 활용해 무엇을 하면 좋을까요?

_____

_____

_____

3  그 강점을 더 살리는 법을 설명해 봐요.

_____

_____

_____

**열심히 글을 쓴 친구에게** ✉ - - - - - - - - - - - - - - - - - - - - - - -

모든 일에는 재능이 필요할 것 같지만 사실은 그렇지 않아요. 꾸준한 노력도 재능의 바탕이 될 수 있어요. 글쓰기도 마찬가지랍니다. 표현력, 어휘력, 문장력 등 강점을 살려 쓰는 것이 필요해요.

**1** 앞에서 배운 단어와 뜻을 알맞게 선으로 이으세요.

삶 • • 어떤 음식을 좋아하거나 싫어하는 성질

식성 • • 마주 보았을 때 보이는 곳

맞은편 • • 사는 일, 살아 있는 것, 목숨이나 생명

이듬해 • • 바로 다음의 해

글피 • • 저녁 6시부터 다음 날 오전 9시까지 방 밖의 온도가 25℃ 이상인 무더운 밤

열대야 • • 의견이나 생각, 목표 등이 달라 서로 관계가 좋지 못하고 부딪히는 상태

갈등 • • 모레의 다음 날

**2** <보기>에서 알맞은 단어를 찾아 ⬚ 안에 쓰세요.

<보기>

| 글피에 | 식성대로 | 맞은편에서 | 열대야에도 |
| 갈등만 | 또래보다 | 곤경에 | 강점이 |

❶ 할머니가 ⬚ 우리 집에 오신다고 해서 나는 무척 신났다.

❷ 아빠가 ⬚ 걸어오며 손을 흔드셨다.

❸ 나만 옳다고 우기는 태도는 ⬚ 일으킬 뿐이다.

❹ 여행을 가서 ⬚ 마음껏 먹었다가 배탈이 났다.

❺ 우리 집은 에어컨이 있어서 ⬚ 끄떡없다.

❻ 여행을 가는데 도중에 아빠 차가 고장 나서 ⬚ 처했다.

❼ 나는 ⬚ 키가 큰 편이라 늘 교실 뒷자리에 앉는다.

❽ 사람은 누구나 자기만의 ⬚ 있으니 자신감을 가지자.

## 안녕, 친구들!

'나는 엄마를 사랑해'와 '나는 오로지 엄마만을 사랑해'는 어떻게 다를까요? '친구를 도 와주었다'와 '친구를 기꺼이 도와주었다'는 또 어떻게 다른지 생각해 보세요. 둘 다 '오 로지'와 '기꺼이' 덕분에 상황과 의미가 더 분명해졌어요. 이번에는 평소에 말하거나 글을 쓸 때 내가 하려는 말을 더 정확히 표현하게 도와주는 말을 배워 볼 거예요. 이렇게 뜻을 분명하게 해 주는 말을 배우면 여러분의 말과 글 표현력이 한층 더 '쑥쑥' 자라난답니다.

# 뜻을 분명히 해 주는 말

| ㊶ 오로지 | ㊷ 어렴풋이 | ㊸ 문득 | ㊹ 기어이 | ㊺ 마땅히 |
|---|---|---|---|---|
| ㊻ 기꺼이 | ㊼ 나날이 | ㊽ 도무지 | ㊾ 부디 | ㊿ 상당히 |

## 오늘의 단어

# 41 오로지

'한 방향으로, 다른 것은 없이 오직, 다만'이라는 뜻이에요.

- 내 바람은 **오로지** 하나, 스마트폰을 갖는 거야.
- 우리 강아지는 **오로지** 소시지만 먹어.

**1 적절한 문장 고르기**

둘 중 더 자연스러운 문장에 ○표를 하세요.

우리 가족은 오로지 싫어하는 사이이다. ────────── (　　　)

친구가 오로지 나만 믿는다고 해서 부담스러웠다. ───── (　　　)

**2 단어 써넣고 문장 읽기**

빈칸에 공통으로 들어갈 단어를 〈보기〉에서 찾아 쓰고, 문장을 꼭 소리 내어 읽어 보세요.

 오로지　　부디

❶ 우리는 [　　　] 자유만을 원했고 결국 얻어냈다.

❷ 아빠는 [　　　] 먹는 것에만 집중하셨다.

❸ 나는 운동은 그만두고 [　　　] 공부에만 힘썼다.

❹ 엉엉 우는 그 아이는 [　　　] 초콜릿만 원했다.

 **어휘력 쏙쏙**

'오로지'와 비슷한 말로 '오직', '다만'도 있어요.

▶ 너무 조용해서 들리는 것은 오직 내 숨소리뿐이었어.
▶ 나는 다만 배가 고파서 먹을 것을 달라고 졸랐을 뿐인데, 참을성이 없다고 혼났지 뭐야.

## 3 친구가 쓴 글 읽어 보기

나는 주말에는 오로지 운동만 하고 싶다. 평일에는 학원에 다니느라 운동을 못 하기 때문이다. 가족과 다 같이 운동하면 건강해지고 좋을 것 같다.

영똥이 이야기

## 4 오늘의 단어를 활용한 글쓰기

**1 주말에 오로지 하고 싶은 일이 뭐예요?**

_____

_____

💡 놀기, 운동하기, 여행하기, 할머니 댁에 가기, 눕기, 게임하기, 책 읽기

**2 그 일을 하고 싶은 이유는요?**

_____

_____

💡 평소에 놀 시간이 없어서, 평일에 공부하는 스트레스를 풀려고, 주말은 원래 쉬는 날이니까

**3 그 일만 하면 어떤 점이 좋을 것 같아요?**

_____

_____

💡 스트레스가 풀린다, 행복하다, 집중할 수 있다, 평일에 더 열심히 공부할 수 있다

---

## 열심히 글을 쓴 친구에게 ✉

여러분이 쓴 글은 오로지 여러분의 마음과 생각이에요. 그러니 꼭 소중히 간직하길 바라요.

## 오늘의 단어 42

# 어렴풋이

'기억이나 생각 등이 흐릿하게' 또는 '물체나 소리가 뚜렷하게 보이거나 들리지 않고 흐릿하게'라는 뜻이에요.

- 세 살 때 사진을 보니 그때가 **어렴풋이** 생각나.
- 어디선가 음악 소리가 **어렴풋이** 들리는 것 같아.

---

**1 적절한 문장 고르기** 둘 중 더 자연스러운 문장에 ○표를 하세요.

엄마가 하셨던 말이 어렴풋이 기억난다. ┈┈┈┈┈┈┈ (   )

친구와 싸운 일이 어렴풋이 기억나서 글에 정확히 썼다. ┈ (   )

**2 단어 써넣고 문장 읽기** 빈칸에 공통으로 들어갈 단어를 <보기>에서 찾아 쓰고, 문장을 꼭 소리 내어 읽어 보세요.

 보기        도무지        어렴풋이

❶ 나는 유치원 때의 일이 [          ] 생각난다.

❷ 자고 일어나면 밤에 꾼 꿈이 [          ] 생각난다.

❸ 달님이 [          ] 마당을 비추었다.

❹ 자다가 엄마 목소리가 [          ] 들려 잠에서 깼다.

---

 어휘력 쏙쏙

'어렴풋이'와 비슷한 말로는 '아련히'가 있어요. 자세하지 않고 흐릿하다는 뜻이에요.

▶ 어디선가 피리 소리가 아련히 들려오는 것 같아.

엄마가 내게 어릴 때 제주도에 놀러 갔던 기억이 나느냐고 물으셨다.

나는 **어렴풋이** 기억난다고 했다. 너무 오래되어 그런 것 같다.

이번 여름 방학에 다시 제주도에 가면 그때 기억을

되살려 재밌게 놀아야겠다.

**1** 어렴풋이 기억나는 일이 있나요?

_____

_____

💡 어릴 때 있었던 일, 오래전에 갔던 여행, 아빠가 했던 말, 가족과 쌓은 추억, 친구와 싸웠던 일

**2** 그 일이 어렴풋이 떠오르는 까닭은 무엇일까요?

_____

_____

💡 너무 오래되어서, 당시 찍은 사진이 없어서, 오래전이어도 기억에 남아서

**3** 그 일에 관한 기억을 되살리려면 어떻게 해야 할까요?

_____

_____

💡 이야기를 나눈다, 사진을 찾아본다, 엄마한테 여쭤본다

❀ ≈ ❀ 🍃 ··· ❀ ∽ 🌷 ∞ 🌱 ∷ ◎

✉ 열심히 글을 쓴 친구에게 ------------------------

어떤 것에 관해 글을 쓰다 보면 관련한 내용이 어렴풋이 기억나서 쓰기 어려울 때가 있어요. 그러니 글로 쓰고 싶은 일이 생길 때마다 사진을 찍어 두면, 나중에 기억을 되살리기에 좋답니다.

# 문득

**43**

'어떤 생각이나 느낌이 갑자기 떠오르는 모양' 또는 '어떤 행위가 갑자기 이루어지는 모양'을 말해요.

- 기분 나쁜 꿈을 꾸고 나니 **문득** 안 좋은 생각이 들었어.
- 놀이터에서 놀다가 숙제를 안 한 것이 **문득** 떠올랐어.

---

**1 적절한 문장 고르기**

둘 중 더 자연스러운 문장에 ○표를 하세요.

친구와 재밌게 놀았던 일이 문득 생각났다. ·············· (   )

밥이 문득 맛있었다. ·············· (   )

**2 단어 써넣고 문장 읽기**

빈칸에 공통으로 들어갈 단어를 〈보기〉에서 찾아 쓰고, 문장을 꼭 소리 내어 읽어 보세요.

 보기    문득     기꺼이

❶ 책을 읽다가 [   ] 좋은 생각이 떠올라 메모를 했다.

❷ 놀다 보니 [   ] 동생이 생각나서 부르러 갔다.

❸ 그네를 타다가 [   ] 뒤를 돌아보니 친구가 와 있었다.

❹ 수학 문제를 풀다 보니 푸는 방법이 [   ] 떠올랐다.

---

 **어휘력 쏙쏙**

'문득'과 비슷한 말로 '갑자기'가 있어요. 뭔가를 생각하거나 준비할 새가 없이 급히 이루어지거나 하게 되는 것을 말해요.

▶ 집에 가는데 갑자기 소나기가 쏟아져서 마구 뛰었어.

친구들과 노는데 문득 나랑 제일 친한 민지가 없다는 것을 깨달았다. 그래서 얼른 가서 민지를 불러왔다. 다 같이 모여서 재미있게 놀았다. 역시 놀 때는 친한 친구가 있어야 한다.

엉뚱이 이야기!

**4** 오늘의 단어를
활용한 글쓰기

**1** 뭔가 문득 떠오른 적이 있어요?

_____

_____

💡 친구와 한 약속, 작년에 놀러 갔던 일, 숙제를 아직 안 했다는 사실, 준비물을 안 챙겨 온 것

**2** 그 일이 문득 떠오른 까닭은 무엇일까요?

_____

_____

💡 뭔가 찜찜해서, 나도 모르게 기억에 남아서

**3** 그래서 어떻게 했어요?

_____

_____

💡 친구에게 전화했다, 놀러 가서 찍은 사진을 찾아보았다

---

📩 **열심히 글을 쓴 친구에게**

글쓰기를 하다 보면 문득 뭔가 떠오를 때가 있어요. 멋진 단어, 혹은 잊었다고 생각했던 기억 같은 것들 말이에요.
이렇게 글쓰기는 우리 마음을 깊이 들여다보게 한다는 점에서 참 소중해요.

오늘의 단어

# 44 기어이

'어떠한 일이 있더라도 반드시' 또는 '결국에 가서는'이라는 뜻이에요.

- 매우니 먹지 말라는 엄마 말을 안 듣고 **기어이** 마라탕을 먹었어.
- 하늘이 흐리더니 **기어이** 비가 왔어.

**1 적절한 문장 고르기**  둘 중 더 자연스러운 문장에 ○표를 하세요.

공부를 열심히 했지만 기어이 1등을 했다. ⋯⋯⋯⋯⋯ (     )

우리 반 말썽쟁이가 기어이 사고를 치고 말았다. ⋯⋯⋯ (     )

**2 단어 써넣고 문장 읽기**  빈칸에 공통으로 들어갈 단어를 <보기>에서 찾아 쓰고, 문장을 꼭 소리 내어 읽어 보세요.

 도무지     기어이

① 나는 그 친구가 왜 그랬는지 [     ] 밝혀낼 것이다.

② 수정이는 화를 참지 못하고 [     ] 방을 나갔다.

③ 엄마의 잔소리에 [     ] 말대꾸를 하고 말았다.

④ 오늘은 [     ] 친구를 만날 것이다.

 어휘력 쏙쏙

'기어이'와 비슷한 말로 '결국', '마침내'가 있어요. '결국'은 '일의 마무리에 이르러서', '마침내'는 '드디어 마지막에는'이라는 뜻이에요.

▶ 자존심이 좀 상했지만 나는 결국 친구에게 사과했어.
▶ 길고 긴 장마가 마침내 끝나서 다행이야.

**3** 친구가 쓴 글
읽어 보기

친구가 한자 급수 시험에서 5급을 땄다고 자랑했다. 너무 부러웠다.

그 뒤로 나도 열심히 공부해서 **기어이** 5급을 땄다. 기분이 좋아서

날아갈 것만 같았다. 노력하면 뭐든 할 수 있겠다는

생각이 들었다.

영뚱이 이야기

**4** 오늘의 단어를
활용한 글쓰기

1  기어이 해냈던 일이 있나요?

_____

_____

💡 한자 급수 따기, 오래달리기, 구구단 외우기, 윗몸 일으키기

2  왜 기어이 해내고 싶었어요?

_____

_____

3  기어이 해내려고 할 때 어떤 생각이나 마음이 들었나요?

_____

_____

열심히 글을 쓴 친구에게 ✉ - - - - - - - - - - - - - - - - - - - - - - - -

글을 쓰다 보면 생각이 안 나거나, 글이 처음 생각과 다르게 써져서 멈출 때가 있어요. 그래도 기어이 쓰고자 하는 마음이
있다면 결국에는 글을 완성할 수 있답니다.

# 마땅히

'어떤 행동이나 일이 알맞게' 또는 '그렇게 하거나 되는 것이 이치에 맞아 옳게'라는 뜻이에요.

- 죄를 지었으면 **마땅히** 벌을 받아야지.
- 모든 사람은 **마땅히** 존중 받아야 해.

**1 적절한 문장 고르기**

둘 중 더 자연스러운 문장에 ○표를 하세요.

우리는 마땅히 숙제를 못 했다. ──────────── (　　)

자식이라면 마땅히 부모에게 효도해야 한다. ─────── (　　)

**2 단어 써넣고 문장 읽기**

빈칸에 공통으로 들어갈 단어를 <보기>에서 찾아 쓰고, 문장을 꼭 소리 내어 읽어 보세요.

 보기     어렴풋이     마땅히

❶ 학생이라면 ☐ 공부를 해야 한다.

❷ 밖을 돌아다니다가 ☐ 갈 곳이 없어 집으로 왔다.

❸ 뭔가 억울했지만 ☐ 할 말이 떠오르지 않았다.

❹ ☐ 해야 할 일을 했을 뿐이다.

 어휘력 쏙쏙

'마땅히'와 비슷한 말로 '당연히'가 있어요. '일의 앞뒤 사정을 볼 때 마땅히 그러하게'라는 뜻이에요.

▶ 친구에게 예의 있게 말하는 건 당연히 해야 하는 일이야.

나는 항상 저녁을 먹고 나서 숙제를 한다. 숙제는 학생이라면 **마땅히** 해야 하는 일이다. 그래야 수업 시간에 잘 배울 수 있기 때문이다. 물론 하기 싫을 때도 있지만, 매일 하니까 습관이 되어 할 만하다.

항뚱이 이야기

**4** 오늘의 단어를 활용한 글쓰기

1 여러분이 마땅히 해야 하는 일은 뭐예요?

_____

_____

💡 공부, 숙제, 밥 먹고 빈 그릇 치우기, 아픈 친구 위로하기

2 그 일을 마땅히 해야 한다고 생각한 이유는요?

_____

_____

3 마땅히 해야 하지만 하기 싫을 때는 어떻게 하면 좋을까요?

_____

_____

**열심히 글을 쓴 친구에게** ✉ - - - - - - - - - - - - - - - - - - - - - - - - -

마땅히 써야 하는 글은 없어요. 글을 쓰며 자기의 마음과 생각을 돌보는 일은 여러분의 내일을 위한 일이니, 종이에 쓰기 싫을 때는 마음속에서라도 써 보기로 해요.

# 기꺼이

'마음속으로 은근히 기쁘게'라는 뜻이에요.

- 부모님은 내 의견을 **기꺼이** 받아들여 주셨어.
- 그 부자는 가난한 사람들에게 **기꺼이** 재산을 나누어 주었대.

---

**1 적절한 문장 고르기**  둘 중 더 자연스러운 문장에 ○표를 하세요.

지영이는 숙제하기 싫어서 기꺼이 했다. ·················· (　　　)

나는 친구의 부탁을 기꺼이 들어주었다. ·················· (　　　)

**2 단어 써넣고 문장 읽기**  빈칸에 공통으로 들어갈 단어를 〈보기〉에서 찾아 쓰고, 문장을 꼭 소리 내어 읽어 보세요.

 보기　　　기꺼이　　　오로지

❶ 할머니는 나를 위해 [　　　] 음식을 해 주셨다.

❷ 유관순 열사는 나라를 위해 [　　　] 목숨을 내놓았다.

❸ 내가 아팠을 때 아빠는 [　　　] 나를 돌봐 주셨다.

❹ 나는 친구에게 준비물을 [　　　] 빌려주었다.

---

 어휘력 쏙쏙

'기꺼이'와 비슷한 말로 '흔쾌히'가 있어요. '기쁘고 유쾌하게'라는 뜻이에요.

▶ 친구와 더 놀고 싶다고 말씀드리니, 엄마가 흔쾌히 허락하셨어.

**3** **친구가 쓴 글 읽어 보기**

아빠한테 인형 뽑기 가게에 가게 해 달라고 부탁했다. 아빠는 내

부탁이면 **기꺼이** 들어주신다. 이번에도 인형 뽑기

가게에 데려가 주셨다. 정말 기뻤다.

**4** **오늘의 단어를 활용한 글쓰기**

1 여러분의 요구나 부탁을 상대방이 기꺼이 들어준 경험을 써 봐요.

2 상대방은 왜 내 요구나 부탁을 기꺼이 들어주었을까요?

3 그때 여러분은 무엇을 어떻게 했어요? 그리고 그때 마음은 어땠나요?

**열심히 글을 쓴 친구에게** ✉ - - - - - - - - - - - - - - - - - - - - - - - - - - - - - - - - - - - - - - - - - -

종이는 언제나 여러분의 글을 기꺼이 받아준답니다. 그러니 맞춤법을 틀릴까 봐, 좋은 글을 쓰지 못할까 봐 걱정하지 말고 자유롭게 써 보세요.

# 나날이

'매일매일' 또는 '매일매일 조금씩 더'라는 뜻이에요.

- 매일 피아노를 치니 실력이 **나날이** 발전하고 있어.
- 할아버지의 건강이 **나날이** 좋아져서 정말 다행이야.

**1 적절한 문장 고르기** 둘 중 더 자연스러운 문장에 ○표를 하세요.

우리 가족은 나날이 행복해졌다. ─────────── (  )

길고 긴 장마가 나날이 끝나서 기뻤다. ────────── (  )

**2 단어 써넣고 문장 읽기** 빈칸에 공통으로 들어갈 단어를 <보기>에서 찾아 쓰고, 문장을 꼭 소리 내어 읽어 보세요.

 기꺼이    나날이

① 나의 태권도 실력은 [    ] 좋아졌다.

② 이 지구는 [    ] 변화하고 있다.

③ 할머니가 [    ] 마르셔서 마음이 아프다.

④ 내 동생은 [    ] 자라나고 있다.

 어휘력 쑥쑥

'나날이'와 비슷한 말로 '날로'가 있어요. '날이 갈수록'이라는 뜻이에요.

▶ 이산화 탄소 때문에 지구가 날로 더워져서 큰일이야.

수영 코치님께서 수영 실력이 **나날이** 좋아지고 있다고 칭찬해 주셨다. 자유형, 평영, 배영 다 잘하고 싶다. 매일 연습했더니 실력이 점점 더 좋아지는 것 같다. 나는 수영 선수가 되는 게 꿈이다. 앞으로 더욱 열심히 해야겠다.

영뚱이 이야기

**4** 오늘의 단어를 활용한 글쓰기

1 여러분의 실력 중 나날이 좋아지고 있는 것이 있나요?

💡 계산 실력, 수영 실력, 영어 말하기 실력, 축구 실력, 피아노 실력

2 실력이 나날이 좋아지려면 어떻게 해야 할까요?

3 앞으로는 어떻게 하고 싶어요?

열심히 글을 쓴 친구에게 ✉

글쓰기 실력이 나날이 좋아지는 방법을 알려 줄까요? 매일 나와 내 주변을 관찰하고, 쓰고 싶은 말을 찾으면 자유롭게 써 보는 거랍니다.

# 도무지

'아무리 해도' 또는 '이러니저러니 할 것 없이 아주'라는 뜻이에요.

- 민영이는 표현을 안 해서 **도무지** 마음을 알 수가 없어.
- 우리 형하고는 **도무지** 말이 통하지 않아 답답해.

## 1 적절한 문장 고르기

둘 중 더 자연스러운 문장에 ○표를 하세요.

나는 과자를 도무지 좋아한다. ················· (　　)

그 식당의 음식은 도무지 맛이 없어 먹을 수가 없었다. ······ (　　)

## 2 단어 써넣고 문장 읽기

빈칸에 공통으로 들어갈 단어를 〈보기〉에서 찾아 쓰고, 문장을 꼭 소리 내어 읽어 보세요.

 　부디　　도무지

❶ 지난 주말에 무엇을 했는지 [　　　] 기억이 안 난다.

❷ 동생이 하는 말을 [　　　] 알아들을 수가 없다.

❸ 공부가 지루해서 [　　　] 견딜 수가 없다.

❹ 엄마는 내 생각을 [　　　] 모르겠다며 답답해하셨다.

 어휘력 쏙쏙

'도무지'와 비슷한 말로 '도대체'가 있어요. '섭섭하거나 불만스럽게도 전혀'라는 뜻이에요.

▶ 그 애들은 도대체 이해할 수가 없어.

**3 친구가 쓴 글 읽어 보기**

나는 공부를 왜 하는지 **도무지** 모르겠다. 공부를 잘하면 커서

성공한다고 하는데 성공이 뭘까? 공부하는 이유를 알려면 좀 더

커야 할 것 같다. 지금은 내가 할 수 있는 만큼만

공부하고 싶다.

엉뚱이 이야기

**4 오늘의 단어를 활용한 글쓰기**

**1** 아무리 생각해도 도무지 모르겠는 일을 써 봐요.

💡 공부하는 이유, 엄마의 마음, 피라미드의 신비

**2** 그런 일이 있을 때 어떤 생각이 들었어요?

**3** 그 일을 알려면 어떻게 해야 할까요?

열심히 글을 쓴 친구에게 ✉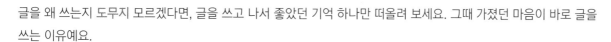

글을 왜 쓰는지 도무지 모르겠다면, 글을 쓰고 나서 좋았던 기억 하나만 떠올려 보세요. 그때 가졌던 마음이 바로 글을 쓰는 이유예요.

# 부디

**49**

남에게 부탁할 때, 꼭 그렇게 되길 바란다는 뜻이에요.

- 다음에는 **부디** 네가 좋아하는 뷔페에 가면 좋겠어.
- 이번 시험에 **부디** 좋은 점수가 나오기를!

**1 적절한 문장 고르기**  둘 중 더 자연스러운 문장에 ○표를 하세요.

우리 엄마가 부디 건강하셨으면 좋겠다. --------------------- (　　)

나는 오늘 날씨가 좋아 부디 뛰어놀았다. --------------------- (　　)

**2 단어 써넣고 문장 읽기**  빈칸에 공통으로 들어갈 단어를 〈보기〉에서 찾아 쓰고, 문장을 꼭 소리 내어 읽어 보세요.

보기　　부디　　마땅히

❶ 하나님, ☐ 내일 비가 내리게 해 주세요.

❷ 체육 대회 날에 ☐ 아빠도 오시면 좋겠다.

❸ 친구가 ☐ 나를 오해하지 않았으면…….

❹ 우리 모두가 ☐ 행복하기를 바란다.

어휘력 쏙쏙

'부디'와 비슷한 말로 '꼭'과 '모쪼록'이 있어요. '꼭'은 반드시 그렇게 되었으면 한다는 것이고, '모쪼록'은 될 수 있는 대로 그렇게 되길 바란다는 뜻이에요.

▶ 이번 여름에 꼭 제주도로 여행을 가고 싶어.

▶ 모쪼록 좋은 결과가 있기를 바랄게.

우리 가족이 **부디** 모두 건강하면 좋겠다. 작년에 아빠가

아프셔서 모두 걱정을 많이 했다. 올해는 우리 가족이 모두

건강하면 좋겠고, 여행도 같이 가고 싶다. 내가

아는 사람이 모두 건강했으면 좋겠다.

엉뚱이 이야기

## 4 오늘의 단어를 활용한 글쓰기

**1** 부디 이루어지길 바라는 것이 있다면 써 봐요.

💡 시험 결과가 좋은 것, 우리 가족의 건강, 키가 크는 것

**2** 그렇게 바라는 이유는 뭐예요?

**3** 바라는 것이 이루어진다면 어떨 것 같아요?

열심히 글을 쓴 친구에게 ✉ ┄┄┄┄┄┄┄┄┄┄┄┄┄┄┄┄┄┄┄┄┄┄┄┄┄┄┄

힘들고 때로는 지겨워도 부디 글쓰기를 포기하지 않기를 바라요. 글을 쓰다 보면 분명 마음도, 생각도 자라날 거예요.

## 오늘의 단어
### 50

# 상당히

'수준이나 실력이 꽤 높이' 또는 '적지 않게, 꽤나 많이'라는 뜻이에요.

- 나는 노래를 **상당히** 잘해.
- 이번 영어 단어 시험은 **상당히** 어려웠어.

---

**1 적절한 문장 고르기**

둘 중 더 자연스러운 문장에 ○표를 하세요.

나는 학원에 늦어서 상당히 길을 걸어갔다. ⋯⋯⋯⋯ (　　　)

오늘 급식이 상당히 맛있어서 기분이 좋았다. ⋯⋯⋯ (　　　)

**2 단어 써넣고 문장 읽기**

빈칸에 공통으로 들어갈 단어를 〈보기〉에서 찾아 쓰고, 문장을 꼭 소리 내어 읽어 보세요.

 보기　　상당히　　기어이

❶ 민수는 책을 [　　　] 많이 읽는다.

❷ 친구가 나를 놀려서 [　　　] 기분이 나빴다.

❸ 우리 집에는 화분이 [　　　] 많다.

❹ 대청소를 했더니 쓰레기가 [　　　] 많이 나왔다.

 **어휘력 쏙쏙**

'상당히'와 비슷한 말은 '꽤', '대단히'예요. '꽤'는 '보통보다 더'라는 뜻이고 '대단히'는 몹시 크거나 많다는 뜻이에요.

▶ 우리 집에서 마트까지는 꽤 멀어서 차를 타고 가야 해.
▶ 우리 학교 운동장은 대단히 넓어.

수정이가 뒤에서 내 흉을 봤다는 말을 전해 들었다. 기분이 **상당히**
나빴다. 그래서 수정이에게 물어보았더니 그런 적이 없다고 딱
잡아뗐다. 한 번만 더 그러면 그때는 참지 않고 화를
낼 것이다.

엉뚱이 이야기

4 오늘의 단어를
활용한 글쓰기

**1 기분이 상당히 나빴던 경험이 있다면 써 봐요.**

_____

_____

💡 친구가 내 흉을 봐서, 친구가 놀려서, 지나가는데 누가 발을 걸어서

**2 그래서 어떻게 했나요?**

_____

_____

**3 그런 일이 다시 생기면 어떻게 할 거예요?**

_____

_____

**열심히 글을 쓴 친구에게** ✉

글을 많이 쓰면 팔이 상당히 아플 수도 있어요. 그럴 때는 조금 쉬어 가며 쓰세요. 쉬는 동안 무엇을 쓸지 생각하는 것도
잊지 말고요!

**1** 앞에서 배운 단어와 뜻을 알맞게 선으로 이으세요.

**오로지** •                    • 한 방향으로, 다른 것은 없이
오직, 다만

**어렴풋이** •                    • 어떠한 일이 있더라도 반드시,
결국에 가서는

**문득** •                    • 어떤 생각이나 느낌이 갑자기
떠오르는 모양,
어떤 행위가 갑자기 이루어지는 모양

**기어이** •                    • 기억이나 생각 등이 흐릿하게,
물체나 소리가 뚜렷하게 보이거나
들리지 않고 흐릿하게

**기꺼이** •                    • 매일매일,
매일매일 조금씩 더

**도무지** •                    • 아무리 해도, 이러니저러니
할 것 없이 아주

**나날이** •                    • 마음속으로 은근히 기쁘게

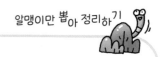

**2** 〈보기〉에서 알맞은 단어를 찾아 ☐ 안에 쓰세요.

보기

| 어렴풋이 | 마땅히 | 기어이 | 상당히 |
| 도무지 | 오로지 | 부디 | 문득 |

❶ ☐ 해야 할 일을 했을 뿐이다.

❷ 축제장에 사람들이 ☐ 많았다.

❸ 친구와 놀다가 숙제를 안 한 것이 ☐ 생각나 집으로 돌아갔다.

❹ 우리 모두 ☐ 건강했으면 좋겠다.

❺ 엄마는 내 생각을 ☐ 모르겠다며 답답해하셨다.

❻ 내 바람은 ☐ 하나, 스마트폰을 갖는 거야.

❼ 동생이 엄마 말을 안 듣고 ☐ 사고를 쳤다.

❽ 사진을 보니 그때가 ☐ 생각난다.

한걸음더 ➕ **오늘의 단어를 엮어서 자유롭게 글쓰기**

1~2개 단어는
꼭 사용하기!

**오늘의 단어** ▶ 발휘하다   능숙하다   또래   오로지   부디   강점

1

**오늘의 단어** ▶ 붐비다   식성   오로지   거뜬하다   고대하다   의아하다

2

126

# 바빠 <sup>초등</sup> 문해력 어휘 100 정답

바빠

문해력 어휘

100 정답

2권

틀린 문제를 확인하는
습관을 들이면 공부 실력을
키울 수 있어요!

① 정답을 확인한 후 틀린 문제는 ☆표를 쳐 놓으세요~

② 틀린 문제는 다시 한 번 풀어 보세요.

# 정답

**13 서성이다** ———————————— 36쪽

**2 알맞은 단어 고르기**
① 서성이니  ② 서성이는  ③ 서성이던
④ 서성였다


**14 머무르다** ———————————— 38쪽

**2 알맞은 단어 고르기**
① 머무르니  ② 머무르고는  ③ 머무를
④ 머물러서


**15 탐나다** ———————————— 40쪽

**2 알맞은 단어 고르기**
① 탐나도  ② 탐나서  ③ 탐나는  ④ 탐난다


## 첫째 마당 복습 ———————————— 42~43쪽

**1.**

| 들뜨다 | | 재능이나 능력, 잘하는 것 등을 마음껏 펼쳐 보이다. |
| 응시하다 | | 마음이나 분위기가 가라앉지 않고 조금 흥분하다. |
| 발휘하다 | | 머뭇거리며 망설이다. |
| 야위다 | | 눈길을 모아서 한곳을 똑바로 바라보다. |
| 주저하다 | | 용기나 의욕이 생기도록 곁에서 힘을 북돋아 주다. |
| 붐비다 | | 몸의 살이 빠져서 조금 힘없게 되다. |
| 격려하다 | | 어떤 공간이 사람 등으로 가득 차서 발 디딜 틈이 없다. |

**2.**
① 거역한다면  ② 탐나서  ③ 고대했다
④ 서성였다  ⑤ 예견하는  ⑥ 머물렀더니
⑦ 미적대느라  ⑧ 가늠하기


### 둘째 마당

**16 공교롭다** ———————————— 46쪽

**2 알맞은 단어 고르기**
① 공교롭게도  ② 공교롭다고  ③ 공교로운
④ 공교로울


**17 담대하다** ———————————— 48쪽

**2 알맞은 단어 고르기**
① 담대하여  ② 담대하니  ③ 담대한
④ 담대해야


**18 능숙하다** ———————————— 50쪽

**2 알맞은 단어 고르기**
① 능숙하여  ② 능숙하게  ③ 능숙한
④ 능숙해질까


**19 엄숙하다** ———————————— 52쪽

**2 알맞은 단어 고르기**
① 엄숙하고  ② 엄숙하게  ③ 엄숙한
④ 엄숙해서


**20 의아하다** ———————————— 54쪽

**2 알맞은 단어 고르기**
① 의아하고  ② 의아하게  ③ 의아한
④ 의아해서

**둘째 마당 복습** ──────── 76~77쪽

**1.**

| 공교롭다 | 겁이 없고 씩씩하며 배짱이 두둑하다. |
| 담대하다 | 어떤 분위기 또는 사람의 말 등이 무겁고 조용하며 진지하다. |
| 능숙하다 | 뜻하지 않게 어떤 사실이나 사건과 우연히 마주치게 되는 것이 신기하고 이상하다. |
| 엄숙하다 | 무척 익숙하게 잘한다. |
| 의아하다 | 말이나 행동이 조심성 없이 가볍다. |
| 경솔하다 | 뭔가 의심스럽고 이상하다. |
| 검소하다 | 함부로 낭비하지 않고 꾸밈없이 수수하다. |

**2.**
① 냉정해지면　② 무례한　③ 거뜬하게
④ 공정하지　⑤ 절박하게　⑥ 강인한
⑦ 드물게　⑧ 영민해서

## 셋째 마당

## 셋째 마당 복습 100~101쪽

**1.**

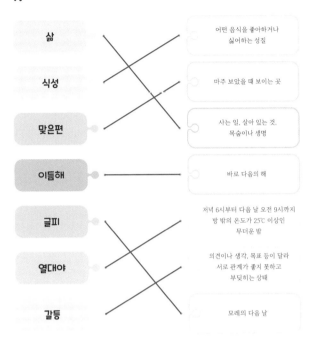

| | |
|---|---|
| 삶 | 어떤 음식을 좋아하거나 싫어하는 성질 |
| 식성 | 마주 보았을 때 보이는 곳 |
| 맞은편 | 사는 일, 살아 있는 것. 목숨이나 생명 |
| 이듬해 | 바로 다음의 해 |
| 글피 | 저녁 6시부터 다음 날 오전 9시까지 방 밖의 온도가 25℃ 이상인 무더운 밤 |
| 열대야 | 의견이나 생각, 목표 등이 달라 서로 관계가 좋지 못하고 부딪히는 상태 |
| 갈등 | 모레의 다음 날 |

**2.**

❶ 글피에      ❷ 맞은편에서      ❸ 갈등만
❹ 식성대로    ❺ 열대야에도      ❻ 곤경에
❼ 또래보다    ❽ 강점이

---

# 넷째 마당

## 41 오로지 104쪽

**1 적절한 문장 고르기**

친구가 오로지 나만 믿는다고 해서 부담스러웠다.

**2 단어 써넣고 문장 읽기**

오로지

## 42 어렴풋이 106쪽

**1 적절한 문장 고르기**

엄마가 하셨던 말이 어렴풋이 기억난다.

**2 단어 써넣고 문장 읽기**

어렴풋이

## 43 문득 108쪽

**1 적절한 문장 고르기**

친구와 재밌게 놀았던 일이 문득 생각났다.

**2 단어 써넣고 문장 읽기**

문득

## 44 기어이 110쪽

**1 적절한 문장 고르기**

우리 반 말썽쟁이가 기어이 사고를 치고 말았다.

**2 단어 써넣고 문장 읽기**

기어이

## 45 마땅히 112쪽

**1 적절한 문장 고르기**

자식이라면 마땅히 부모에게 효도해야 한다.

**2 단어 써넣고 문장 읽기**

마땅히

## 46 기꺼이 ········································· 114쪽

**1 적절한 문장 고르기**

나는 친구의 부탁을 기꺼이 들어주었다.

**2 단어 써넣고 문장 읽기**

기꺼이

## 47 나날이 ········································· 116쪽

**1 적절한 문장 고르기**

우리 가족은 나날이 행복해졌다.

**2 단어 써넣고 문장 읽기**

나날이

## 48 도무지 ········································· 118쪽

**1 적절한 문장 고르기**

그 식당의 음식은 도무지 맛이 없어 먹을 수가 없었다.

**2 단어 써넣고 문장 읽기**

도무지

## 49 부디 ········································· 120쪽

**1 적절한 문장 고르기**

우리 엄마가 부디 건강하셨으면 좋겠다.

**2 단어 써넣고 문장 읽기**

부디

## 50 상당히 ········································· 122쪽

**1 적절한 문장 고르기**

오늘 급식이 상당히 맛있어서 기분이 좋았다.

**2 단어 써넣고 문장 읽기**

상당히

## 넷째 마당 복습 ··································· 124~125쪽

**1.**

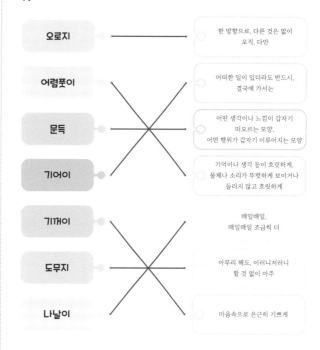

오로지 — 한 방향으로, 다른 것은 없이 오직, 다만

어렴풋이 — 어떠한 일이 있더라도 반드시, 결국에 가서는

문득 — 어떤 생각이나 느낌이 갑자기 떠오르는 모양, 어떤 행위가 갑자기 이루어지는 모양

기어이 — 기억이나 생각 등이 흐릿하게, 물체나 소리가 뚜렷하게 보이거나 들리지 않고 흐릿하게

기꺼이 — 매일매일, 매일매일 조금씩 더

도무지 — 아무리 해도, 이러니저러니 할 것 없이 아주

나날이 — 마음속으로 은근히 기쁘게

**2.**

❶ 마땅히　　❷ 상당히　　❸ 문득

❹ 부디　　❺ 도무지　　❻ 오로지

❼ 기어이　　❽ 어렴풋이

# 바빠 <sup>시리즈</sup> 초등 학년별 추천 도서

| 학년 | 학기별 연산책 바빠 교과서 연산<br>학기 중, 선행용으로 추천! | 나 혼자 푼다! 바빠 수학 문장제<br>학교 시험 서술형 완벽 대비! |
|---|---|---|
| 1학년 | ·바빠 교과서 연산 1-1<br>·바빠 교과서 연산 1-2 | ·나 혼자 푼다! 바빠 수학 문장제 1-1<br>·나 혼자 푼다! 바빠 수학 문장제 1-2 |
| 2학년 | ·바빠 교과서 연산 2-1<br>·바빠 교과서 연산 2-2 | ·나 혼자 푼다! 바빠 수학 문장제 2-1<br>·나 혼자 푼다! 바빠 수학 문장제 2-2 |
| 3학년 | ·바빠 교과서 연산 3-1<br>·바빠 교과서 연산 3-2 | ·나 혼자 푼다! 바빠 수학 문장제 3-1<br>·나 혼자 푼다! 바빠 수학 문장제 3-2 |
| 4학년 | ·바빠 교과서 연산 4-1<br>·바빠 교과서 연산 4-2 | ·나 혼자 푼다! 바빠 수학 문장제 4-1<br>·나 혼자 푼다! 바빠 수학 문장제 4-2 |
| 5학년 | ·바빠 교과서 연산 5-1<br>·바빠 교과서 연산 5-2 | ·나 혼자 푼다! 바빠 수학 문장제 5-1<br>·나 혼자 푼다! 바빠 수학 문장제 5-2 |
| 6학년 | ·바빠 교과서 연산 6-1<br>·바빠 교과서 연산 6-2 | ·나 혼자 푼다! 바빠 수학 문장제 6-1<br>·나 혼자 푼다! 바빠 수학 문장제 6-2 |

'바빠 교과서 연산'과
'바빠 수학 문장제'를
함께 풀면
한 학기 수학 완성!

바쁜 친구들이 즐거워지는 **빠른** 학습서

## 영역별 연산책 바빠 연산법
방학 때나 학습 결손이 생겼을 때~

- 바쁜 1·2학년을 위한 빠른 **덧셈**
- 바쁜 1·2학년을 위한 빠른 **뺄셈**
- 바쁜 초등학생을 위한 빠른 **구구단**
- 바쁜 초등학생을 위한
  빠른 **시계와 시간**

- 바쁜 초등학생을 위한
  빠른 **길이와 시간 계산**
- 바쁜 3·4학년을 위한 빠른 **덧셈/뺄셈**
- 바쁜 3·4학년을 위한 빠른 **곱셈**
- 바쁜 3·4학년을 위한 빠른 **나눗셈**
- 바쁜 3·4학년을 위한 빠른 **분수**
- 바쁜 3·4학년을 위한 빠른 **소수**
- 바쁜 3·4학년을 위한 빠른 **방정식**

- 바쁜 5·6학년을 위한 빠른 **곱셈**
- 바쁜 5·6학년을 위한 빠른 **나눗셈**
- 바쁜 5·6학년을 위한 빠른 **분수**
- 바쁜 5·6학년을 위한 빠른 **소수**
- 바쁜 5·6학년을 위한 빠른 **방정식**
- 바쁜 초등학생을 위한 빠른
  **약수와 배수, 평면도형 계산,
  입체도형 계산, 자연수의 혼합 계산,
  분수와 소수의 혼합 계산, 비와 비례,
  확률과 통계**

## 바빠 국어/ 급수한자
초등 교과서 필수 어휘와 문해력 완성!

- 바쁜 초등학생을 위한 빠른 **맞춤법 1**
- 바쁜 초등학생을 위한
  빠른 **급수한자 8급**
- 바쁜 초등학생을 위한 빠른 **독해 1, 2**

- 바쁜 초등학생을 위한 빠른 **독해 3, 4**
- 바쁜 초등학생을 위한 빠른 **맞춤법 2**
- 바쁜 초등학생을 위한
  빠른 **급수한자 7급 1, 2**

- 바쁜 초등학생을 위한
  빠른 **급수한자 6급 1, 2, 3**
- 보일락 말락~ 바빠 **급수한자판**
  + 6·7·8급 모의시험

- 바빠 급수 시험과 어휘력 잡는
  초등 **한자 총정리**
- 바쁜 초등학생을 위한 빠른 **독해 5, 6**

재미있게 읽다 보면
나도 모르게
교과 지식까지 쑥쑥!

## 바빠 영어
우리 집, 방학 특강 교재로 인기 최고!

- 바쁜 초등학생을 위한 빠른 **알파벳 쓰기**
- 바쁜 초등학생을 위한
  빠른 **영단어 스타터 1, 2**
- 바쁜 초등학생을 위한
  빠른 **사이트 워드 1, 2**
- 바쁜 초등학생을 위한 빠른 **파닉스 1, 2**

- 전 세계 어린이들이 가장 많이 읽는
  **영어동화 100편 : 명작/과학/위인동화**
- 짝 단어로 끝내는 바빠 **초등 영단어**
  — 3·4학년용
- 바쁜 3·4학년을 위한 빠른 **영문법 1, 2**
- 바빠 초등 필수 **영단어**
- 바빠 초등 필수 **영단어 트레이닝**
- 바빠 초등 **영어 교과서 필수 표현**
- 바빠 초등 **영어 일기 쓰기**

- 짝 단어로 끝내는 바빠 **초등 영단어**
  — 5·6학년용
- 바빠 초등 **영문법** — 5·6학년용 1, 2, 3
- 바빠 초등 **영어시제 특강** — 5·6학년용
- 바쁜 5·6학년을 위한 빠른 **영작문**
- 바빠 초등 하루 5문장 **영어 글쓰기 1, 2**

135

# 바빠 따라 쓰기

바빠 초등 속담 + 따라 쓰기 | 12,000원

## ★ ★ 영재 교육학 박사가 만든 속담 책!

# 교과서 속담으로 표현력 향상! 손 글씨는 예쁘게!

**특별 부록** 속담 초성 퀴즈 카드 50장

궁벵이!

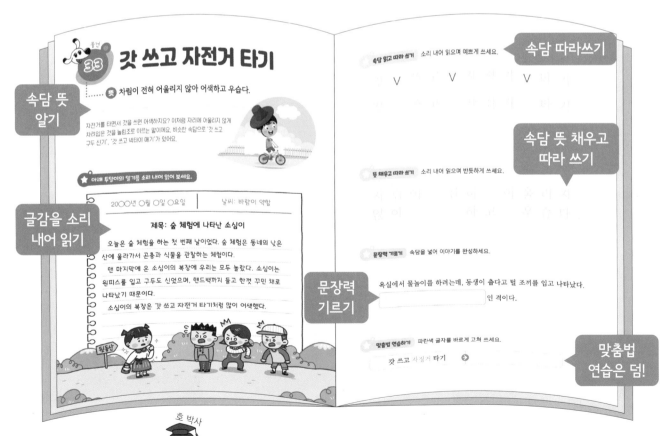